KB097734

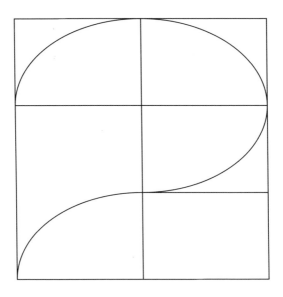

자본론을 읽다

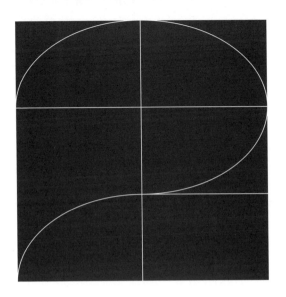

자본론을 읽다

=

마르크스와 자본을
공부하는 첫걸음

양자오 지음 ＋ 김태성 옮김

'상부 구조'의 구속을 부수다

저자 서문

오랜 세월 무시된 정의로운 사유

― 거듭 파고들 가치가 있는 지식의 보고

1

나는 마르크스와 『자본론』이 거대한 독초로 인식되어 접촉해서도, 읽어서도 안 되는 사회에서 성장했다. 나보다 한 세대 위인 소설가 천잉전陳映眞 같은 사람들은 몰래 독서회를 만들어 『공산당 선언』과 『자본론』을 읽기도 했다. 나는 그들보다 20년 늦게 태어났다. 이는 타이완 계엄사령부 시절이 20년 더 이어졌음을 의미한다. 이 시기에 시장에서는 마르크스와 『자본론』, 공산주의와 관련된 책이 죄다 몰수되었고 한밤중에 몰래 집회를 여는 좌익 단체들은 단속 대상이 되었다.

나는 마르크스를 알았고 『자본론』도 알았다. 하지만 나의 지식은 주로 '삼민주의'三民主義 교과서에서 얻은 것들이었고, 이들 교과서에서는 마르크스와 공산주의가 대단히 황당하며 오류투성이라고 말했다. 그리고 나는 내가 이 황당하고 오류투성이인 사상의 원본을 읽을 수 있는 날이 오리라고는 정말 꿈에도 생각지 못했다.

나는 어려서부터 서점에 가서 책 구경하는 일을 무척 좋아했다. 조금 커서는 도서관에서 책을 빌려 읽는 법을 배웠다. 좀 더 컸을 때는 마침 타이완의 도서관이 점차 개가식으로 바뀌는 시기였던 덕분에 도서관의 책장 사이사이를 떠도는 습관을 키웠다.

대학 2학년 때, 타이완대학교 법과대에 일본어 수업을 들으러 갔던 나는 우연히 법과대 도서관을 이리저리 구경하며 돌아다니다가 서고 지하실에 이르렀다. 멀리서도 먼지 냄새가 느껴질 듯한 곳이었다. 지금까지 누구도 이곳에 온 적이 없는 것 같았다. 용기를 내서 스위치를 찾아 전등을 켠 다음 서가를 한 칸 한 칸 살피는데 갑자기 온몸에 닭살이 돋는 느낌이 들었다. 나는 이곳이 어떤 곳인지 깨달았다. 이곳에 소장된 책들은 전부 도서 목록에 없는 것이었다. 갓 도착한 새 책이라서가 아니라 타이완대학교 법과대 자체보다 더 오래된 책이기 때문에 도서 목록에 없었던 것이다. 일제 강점기, 법과대가 아직 '타이베이법상法商학교'라 불리던 시대부터 남아 있던 장서였다. 다시 말해서 이 책들은 1945년에 일본인이 떠난 뒤 30여 년간 이곳에서 사람의 손길을 타지 않은 채 있었던 것이다.

나는 먼지로 뒤덮인 이 지하 서고에 청춘의 아름다운 시간을 쏟아부었다. 다행히 당시의 나는 기침 한번 하지 않는 튼튼한 몸이라 십수 년 동안 쌓였던 먼지를 한껏 들이마셔도 문제가 없었다. 그곳에 있는 책은 대부분 일본어로 된 것이었고, 그다음으로 많은 것이 독일어로 쓴 책이었다. 나는 먼저 다섯 권 한 질로 된 일본 공산당 좌파의 거물 가와카미 하지메河上肇의 『자서전』을 찾았다. 가와카미 하지메의 약력을 읽고 그가 『가난 이야기』라는 책을 썼다는 사실을 알게 되었다. 『가난 이야기』는 일본에서의 공산주의 발전에 관한 책으로 마르크스의 『공산당 선언』에 버금가는 중요한 지위를 차지했다. 지하 서고에서 『가난 이야기』는 찾지 못했지만 그의 책이 타이완에 있다는 사실만으로도 내가 흥분하기에는 충분했다.

이 책은 읽지 않을 수 없었다. 하지만 다섯 권이나 되는 그 책을 어떻게 지하 서고에서 다 읽을 수 있겠는가? 나는 모험을 하기로 마음먹었다. 도서 목록에 없는 책들이지만 일제 강점기의 청구 번호는 그대로 남아 있었다. 나는 법과대에 갈 때마다 도서관 내출 창구에 있는 사람을 유심히 살펴보고 한 번도 본 적이 없는 직원이 대출 업무를 맡으면 가와카미 하지메의 『자서전』과 내 도서 대출 카드를 내밀었다. 책 제목을 본 직원이 대출해 줄 수 없다고 하면 나는 코를 문지르며 책을 도로 서가에 가져다 두었다. 그러다가 네 번째 되는 날, 사정을 잘 모르는 직원을 만났다. 그는 책에 도서 대출표가 붙어 있지 않은 것만 확인하고는 도서 대출표를 붙인 다음 일제 강점기의 낡은 번호를 도서 대출 서류에 기입하고 책을 내주었다!

이런 경험 덕분에 나는 지하 서고에 있는 책들을 더욱 좋아하게 되었다. 지하 서고에 갈 때마다 뭔가 보물을 발굴하고 있다는 느낌이 들었다. 당시의 그 흥분과 기대는 30년이 지난 지금까지도 기억 속에 생생하다.

약간의 시간을 사이에 두고 이 책장 사이를 몇 번이고 드나드는 동안 나는 반드시 그곳에 있어야 할 어떤 책을 염

두에 두고 있었다. 그리고 그 책은 정말로 그곳 어느 책장 밑
바닥에서 발견되었다. 상중하 세 권으로 된 일본 이와나미문
고의 『자본론』이었다! 이번에는 감히 기존의 방식을 사용할
수 없었다. 책 표지에 누구나 알아볼 수 있도록 '자본론'이
라는 세 글자가 선명하게 박혀 있었기 때문이다. 아무리 상
황을 모르는 직원이라 해도 이런 부분에는 민감할 것이 분명
했다. 게다가 『자서전』은 한 번 읽고 싶은 정도에 그쳤지만
『자본론』은 읽고 싶을 뿐만 아니라 소장까지 하고 싶었다.
그러려면 한 가지 방법밖에 없었다. 도서관에 있는 복사기에
의지하는 것이었다.

　　나는 거의 매일 법과대 도서관에 갔다. 문과대 수업은
듣지 않고 하루 종일 남몰래 복사기 주위를 맴돌다가 사람이
없는 것을 확인하면 재빨리 가서 몇 장 복사하고, 누군가 다
가오기 전에 얼른 자리를 떴다. 며칠에 걸친 작업 끝에 『자본
론』 상권의 복사가 마무리될 무렵 뜻밖에도 복사기가 고장
나고 말았다.

　　복사기가 망가진 것은 할 수 없었지만 새로 바뀐 복사기
를 보는 순간 내 눈앞은 캄캄해졌다. 전에는 복사가 끝나면
직접 복사한 장수를 계산해서 비용을 지불하는 방식이었는

데 이번에는 동전을 집어넣어야 하는 방식으로 바뀌었던 것이다. 방법이 없었다. 나는 매일 집에 있는 동전을 전부 모아 도서관으로 가져다가 동전이 다 떨어질 때까지 복사를 계속했다.

복사를 마치면 복사한 것을 집으로 가져와 조심스럽게 옷장에 감춰 두고 아침에 집을 나서면서 몇 장만 꺼내 팔절지 크기로 접어 책가방에 넣었다. 그리고 버스를 기다리거나 타는 동안 한 장 한 장 몰래 꺼내 읽다가 학교에 도착하면 더이상 읽지 않았다. 내가 세상에서 가장 무서운 금서를 읽고 있음을 누군가 알아챌까 두려웠다.

법과대 지하 서고를 미친 듯이 들락거리는 동안 나는 또다른 보물창고를 발견했다. 역시 학생들의 발길이 잘 닿지 않은 곳으로 타이완대학교 중앙도서관의 '참고서 구역'이었다. 말 그대로라면 그곳에는 '참고서'가 있어야 했다. 타이완 학생들은 어려서부터 어른이 될 때까지 한 가지 '참고서'밖에 모른다. 초중고교의 교과서를 보조하는 내용으로 시험 준비를 돕는 책 말이다. 감히 단언컨대 타이완대학교 학생 가운데 3분의 2는 대학 4년을 다니는 동안 제대로 자료를 찾을 줄도 모르고 공부에 어떤 '참고서'가 필요한지도 모른다. 물론 도서관의 '참고서 구역'을 드나드는 사람이 있을 리도 만무하다.

나는 중앙도서관의 참고서 구역에서 문과대 도서관에도 소장되어 있는 중요한 '참고서'를 발견했다. 1960년대 미국 시카고대학교에서 출판한 『서양의 위대한 책들』The Great Books of the Western World로, 인류 문명에서 가장 '위대한 저작을 모은 전집'이었다. 나는 이 책에 대해 잘 알았다. 역사학과에 들어오자마자 이 전집의 존재를 알고 젊은이의 호기가 끓어올라 당장 50여 권에 달하는 이 '위대한 책들'을 전부 독파하기로 마음먹은 적이 있었기 때문이다.

'50여 권'이라는 숫자는 결코 우습게 볼 것이 아니다. 시카고대학교에서 출판한 이 책의 배후에는 고전 읽기를 제창하는 동시에 원전을 중시하는 신념이 감춰져 있다. 편집자들은 요점 정리와 풀어쓰기 방식으로는 고전의 진정한 지혜와 효과를 얻을 수 없다고 생각했다. 고전의 내용을 '두세 마디'로 농축하여 학생들에게 가르치면 학생들은 이 두세 마디로 고전을 이해했다고 여기게 된다. 이는 고전을 공부하는 데 바람직한 방법이 되지 못할 뿐 아니라 고전의 가치를 파괴하는 가장 큰 죄인이 되는 지름길이다. 고전은 원전 전체를 읽어야 그 내용이 생생하게 경험으로 스며들 수 있다. 따라서 이 전집은 요약이나 생략을 하지 않았고 대부분의 작품을 원문 그대로 다 수록했다. 예컨대 토마스 아퀴나스의 『신학 대전』 같은 책도 전문이 수록되어 있다. 독자들로 하여금 고전에 쉽게 접근하고 고진을 제대로 맛볼 수 있도록 하기 위해 원문이 영어로 되어 있지 않은 저작은 최고의 번역본을 채택했고 종이도 사전용 인디언지紙를 사용하여 한 권이 700~800쪽에 달했다. 파리 대가리만큼이나 작은 글자로 2단 편집되어 수록된 글자의 수는 놀라울 정도였다.

　『서양의 위대한 책들』의 제1권은 호메로스의 서사시 『일리아스』와 『오디세이아』의 합본이다. 내 거대한 웅지의 실천이 바로 이 책으로 시작되었기 때문에 분명하게 기억한다. 제2권이 '헤로도토스'라는 것도 기억하고 있다. 이 책에는 『역사』가 온전히 수록되어 있다. 제3권에는 아이스킬로스, 소포클레스, 에우리피데스 등 고대 그리스 3대 비극 작가의 작품이 수록되어 있다. 하지만 희극 작가 아리스토파네스의 작품이 함께 수록되어 있었는지는 잘 기억이 나지 않는다. 확실치 않은 이유로 나는 제1권과 제2권은 읽었지만 제3권은 다 읽지 못했다. 나의 호방한 웅지는 책 두 권을 조금 넘어서는 것으로 그치고 말았다.

대학 2학년 2학기가 되자 대대적인 보수를 거친 타이완 대학교 중앙도서관이 마침내 다시 개방되었다. 나는 환하고 널찍한 참고서 구역으로 가서 『서양의 위대한 책들』이 꽂힌 서가를 찾았다. 눈으로 서가를 쭉 훑는 동안 갑자기 심장 박동이 빨라졌다. 참고서 구역의 『서양의 위대한 책들』에 문과대 도서관에 있는 것보다 한 권이 더 있었다. 이 책 책등에는 달랑 네 글자만 선명하게 박혀 있었다. '마르크스'Marx였다.

손이 떨리는 것을 애써 달래면서 나는 아무 일도 없다는 듯 조용히 그 책을 꺼내 빠른 속도로 뒤적였다. 틀림없었다. 안에 들어 있는 것은 『자본론』의 영문판 전체였다!

이리하여 또 2~3주 동안 나는 중앙도서관 참고서 구역에서 복사기 사용률이 가장 높은 고객이 되었다. 다행히 참고서 구역의 서적은 대출이 되지 않기 때문에 복사기 사용은 당연한 것이었고 사람들에게 의심을 살 염려도 없었다. 그래도 나는 아주 조심스럽게 매일 문을 나서기 전에 이 구역에 가서 어떤 책을 보고 어떤 행동을 할지 사전에 잘 생각해 두곤 했다(그곳에는 자기 책을 가지고 들어갈 수 없었다). 일단 들어가면 재빨리 책 몇 권을 내 자리에 쌓아 놓았다. 물론 문제의 책은 맨 밑바닥에 숨겨 놓았다. 그런 다음 한두 시간 터울로 책을 들고 복사기 앞으로 가서 15분 혹은 20분씩 복사를 했다.

이처럼 아주 몰래 나는 책장이 아닌 옷장에 일역본과 영역본 『자본론』을 소장하게 되었다. 그리고 이 두 가지 번역본을 대조하면서 세 권을 다 독파했다. 몇 해가 지나 미국으로 유학을 간 나는 하버드 광장에서 좌파 서적을 전문으로 파는 서점 '레볼루션 북스'를 발견했다. 그 서점에서 산 첫 번째 책이 영어판 『마오쩌둥 선집』이고 두 번째로 산 책이 독일어판 『자본론』이었다. 이리하여 나는 『자본론』을 독일어 학습 교재로 삼아 영어판과 독일어판을 대조하면서 한 번 더 읽었다.

2

여러 해에 걸친 도서관 순례 경험으로 나는 도서관 구경이 서점 구경보다 더 재미있다는 사실을 깨달았다. 타이완의 청핀誠品서점은 아주 훌륭한 서점이라 구경하다 보면 아주 좋은 수확과 경험을 얻을 수 있다. 하지만 이런 청핀서점이라도 누구도 사지 않을 것이 분명한 책을 계속 서가에 두지는 못할 것이다.

하지만 도서관은 그것이 가능하다. 크고 훌륭한 도서관의 서가에는 누가 흥미를 가질지 모르는 책이 가득 꽂힌 채 우리와 우연히 만날 날을 기다린다. 누가 흥미를 가질지 모를 책들이 한곳에 모여 있는 것 자체가 이미 기이한 광경이다.

1987년, 나는 처음으로 출국하여 미국의 하버드대학교로 유학을 떠났다. 바로 그해에 하버드대학교의 장서량은 총 1천만 권을 돌파했다. 입학 등록을 할 때 받은 신입생 안내서에서 알게 된 사실이었다. 1천만 권이라. 정말 대단한 숫자였다. 하지만 현실 속에서 1천만 권의 책은 어떤 모습을 하고 있을까?

"하버드대학교의 장서 1천만 권은 아흔아홉 곳의 도서관에 나뉘어 소장되어 있습니다." 신입생 안내서에는 이렇게 소개되어 있었다. 내가 이 아흔아홉 곳의 도서관을 다 돌아다니는 것은 불가능했다. 당연히 나는 가장 큰 도서관부터 순례를 시작했다. 하버드대학교에서 규모가 가장 크고 장서도 가장 많은 도서관은 와이드너 도서관으로 3백만 권에 가까운 장서가 소장되어 있었다. 이 도서관은 찾기도 쉬웠다. 언제든지 캠퍼스에 들어오면 존 하버드 동상 외에 가장 많은 사람이 모여 사진을 찍는 장소가 바로 그곳이었다. 이 도서관은 아주 웅장한 정사각형 건물로 앞에는 폭이 넓은 흰 돌로 된 계단이 있었다. 내가 하버드에 다닐 때만 해도 누구든지 이 계단을 걸어 육중한 문을 밀고 도서관에 들어가 우아하고 책의 향기로 가득한 열람실을 구경할 수 있었다. 하지만 지금은 입구에서 신분증을 검사하기 때문에 하버드대학교의 학생이나 교수, 교직원만 출입할 수 있다.

이런 변화는 영화 『타이타닉』이 흥행에 크게 성공한 뒤에 일어났다. 『타이타닉』은 거의 모든 장면을 배에서 촬영했기 때문에 하버드대학교의 도서관이 나올 리 없다. 이 영화와 하버드대학교 도서관은 사람들이 잘 모르는 어떤 역사 사실로 연결되었다. 와이드너 도서관은 타이태닉호가 바다에 침몰하지 않았다면 생기지 않았을 것이다.

와이드너 도서관의 공식 명칭은 '해리 엘킨스 와이드너 기념 도서관'이다. 와이드너는 1907년에 하버드대학교를 졸업한 뉴욕 부호의 아들이었다. 하지만 불행하게도 30세가 채 안 된 나이에 타이태닉호에 올랐다가 바다에 수장되는 변을

당하고 말았다. 전해지는 바로 그는 런던에 가서 고서를 구하기 위해 타이태닉호에 승선했고, 사망한 그의 손에는 그 여행의 목표였던 데카르트의 『성찰』 초판본이 들려 있었다.

애서가이자 장서가였던 와이드너는 자신의 장서 일부를 모교 도서관에 기증할 생각이었다. 아들이 뜻밖의 재난을 당하자 극도로 상심한 그의 부모는 절망 속에서도 아들이 원했던 방식으로 그를 기념하기로 마음먹었다. 여기에 아들의 장서를 기증하는 것으로 그치지 않고 거액의 기금을 기부하여 하버드대학교에 가장 웅장하고 눈에 잘 띄는 도서관을 짓기로 했다. 이 도서관 서가의 길이는 총 50마일(약 8만 미터)이 넘었고 소장할 수 있는 책은 3백만 권이 넘었다.

영화 『타이타닉』이 개봉되고 이런 이야기가 수많은 매체에 보도되자 이 도서관은 당시 가장 인기 있는 관광지가 되었다.

와이드너 도서관은 1925년에 준공되었다. 이때는 마침 하버드대학교가 빠르게 확장하고 성장할 때였다. 그래서인지 놀랍게도 길이 50마일에 3백만 권의 장서를 소장할 수 있는 이 도서관의 서가는 건립된 지 12년 만에 다 채워졌다. 내가 1987년에 처음 와이드너 도서관에 들어갔을 때 이곳의 서가는 이미 가득 차 있었다.

　3백만 권의 장서는 어떤 모습일까? 와이드너 도서관에 들어서기 전에 나는 이런 상상을 해 보았다. 하지만 3백만 권이라는 장서의 의미는 전혀 예상하지 못한 방식으로 내게 엄청난 놀라움을 주었다. 와이드너 도서관의 주요 서고는 총 8층으로 이루어져 있고 층마다 위아래로 A, B 두 줄로 서가가 있었다. 처음으로 서고 안에 들어갔을 때, 나는 3층 A에서 위로 올라가면서 책을 구경하기 시작했다. 서고에는 기본적으로 자연광이 없었고 주요 통로에는 전등이 켜져 있었다. 그리고 각 서가의 맨 앞에 아주 오래된 스위치가 있어서 이 스위치를 위로 올려 몇 개의 전구로 서가의 불을 밝혔다.

　나는 단숨에 5층 A까지 구경했다. 서가 한 열에 들어서면 맨 아래 칸에서 맨 위 칸까지 두루 살펴보았다. 그런데 뭔가 이상했다. 그렇게 많은 책 가운데 내가 아는 책이 단 한 권도 없었다.

　내가 '안다'라고 한 것은 최소한의 기준으로, 심지어 그 책의 내용조차 모르고 그저 '그 책이 어떤 문자로 쓰인 것인지를 안다.'는 의미였다. 내가 읽을 수 있는 언어는 그리 많지 않지만 알아볼 수 있는 언어는 적지 않다. 예컨대 나는 한

국어를 알지 못하지만 자모의 형태를 보고 한국어로 된 책임은 알아볼 수 있다. 이런 기준으로 내가 알아볼 수 있었던 문자는 중국어와 영어, 일본어, 한국어, 러시아어, 그리스어, 프랑스어, 독일어, 스페인어, 이탈리아어 그리고 당시 막 배우기 시작한 산스크리트어 등이었다.

하지만 나는 벽 한 면을 가득 채운 그 서가에서 어떤 문자로 쓰였는지 알아볼 수 있는 책을 단 한 권도 찾지 못했다. 몸을 돌리자 등 뒤에도 가득 서가가 펼쳐져 있었다. 이번에는 좀 천천히 그리고 자세히 보았다. 맨 아래 칸에서 맨 위 칸까지, 다시 맨 위 칸에서 맨 아래 칸까지 살펴봤지만 이번에도 내가 알아볼 수 있는 책은 없었다.

온 몸에 소름이 돋았다. 이 두 개의 벽에만 수천 권의 책이 꽂혀 있고, 그것도 나와 아주 가까이 있었지만 그 안에는 빈곤한 내 일생을 통틀어 흡수할 기회가 전혀 없을 지식이 담겨 있었다. 당시 내 나이가 겨우 스물둘이기는 했으나 설사 내가 백 살을 산다 해도 이 책들의 문자를 배울 가능성은 희박했다. 여기, 바로 여기에, 나와 절연된 인류 문명의 유산이 우뚝 서 있었다.

나는 지식의 세계에서 내가 너무나도 보잘것없이 작은

존재임을 실감했다. 친구 하나가 내게 웃으면서 말했다. "왜 그렇게 욕심이 많아? 세상은 너무나 크고, 우리가 가질 수도 없고 경험할 수도 없는 것은 너무나 많아." 이런 이치는 나도 물론 잘 알고 있다. 하지만 동시에 세상의 아름다운 것에 대해 우리는 기본적인 호기심과 충동을 일으키게 된다는 또 다른 이치도 알고 있었으며 굳게 믿고 있기도 했다. 이러한 호기심과 충동이 없다면 인생은 뭔가 이상할 것이다.

아름다운 것들이 책 속에 무수히 숨어 우리와의 접촉을 기다리고 있다. 탐구하려고 노력하지 않는다면 그 수많은 아름다움이 우리를 그냥 스쳐 지나갈 것이다. 그리고 우리는 심지어 자신이 무엇을 놓쳤는지조차 알 기회가 없을 것이다. 책으로 뒤덮인 그 두 개의 벽 앞에서 나는 속으로 그렇게 경탄하고 있었다. 이 모든 책 하나하나를 만지는 것은 쉬운 일이지만 나는 평생 나 자신이 얼마나 방대한 지식과 경험을 스치고 지나가는지 알 방법이 없는 것이다.

3

대학 시절에 가슴 졸이며 남몰래 『자본론』을 읽으면서

나는 당시로서는 대단히 요원하고 환상에 가까운 꿈을 하나 갖게 되었다. 다름 아니라 언젠가는 타이완이 공개적으로 자유롭게 마르크스를 읽을 수 있는 사회가 되리라는 꿈이었다. 그날이 오면 우리는 더 이상 좌파와 사회주의, 나아가 공산주의를 독사나 맹수로 보지 않을 것이고, 수많은 젊은이가 공평과 정의에 대한 마르크스의 열정에 감동할 것이며, 학문과 연구를 좋아하는 젊은이라면 깊고 복잡한 사회와 경제에 대한 마르크스의 사유에 이끌리게 될 것이었다. 그리고 이러한 타이완의 새로운 세대는 좀 더 합리적이고 건강하고 자유로운 사회를 만들 것이었다.

20여 년이 지나 타이완은 이미 공개적으로 자유롭게 마르크스를 읽을 수 있는 사회가 되었다. 그러나 당시 내가 상상했던 것의 일부는 여전히 요원하고 신기루 같은 상태로 남아 있다. 미국의 인터넷 서점 아마존에 들어가 'Karl Marx'(카를 마르크스)라는 이름을 쳐 봤더니 3,730개 항목이 나왔다. 'Marx Capital'이라는 단어를 쳤더니 이번에는 8,927개 항목이 나왔다. 가장 놀라운 것은 'Das Kapital'이라는 단어를 쳤을 때는 11,765개의 항목이 떴다는 것이다. 다시 일본 아마존에 들어가 '資本論'(자본론)이라고 치자 2,144개의 검색 항목이 떴고 마르크스의 이름을 쳤더니 5,568개의 검색 항목이 떴다.

그렇다면 타이완의 인터넷 서점 '보커라이'博客來는 어떨까? '자본론' 검색에 겨우 70개 항목이 나타났다. 하지만 앞의 두 페이지를 자세히 살펴보니 그 가운데 번체자로 된 중국어판 『자본론』은 한 권도 없고 약 20개 정도만이 진정으로 『자본론』과 관련된 항목이었다. 나머지는 전부 도서 소개문 안에 '자본'資本과 '론'論이라는 단어가 들어간 경우였다.

어떻게 이럴 수 있는 것일까? 오늘날의 타이완 사회는 과거에 우리가 누릴 수 없었던 지식의 자유를 누리고 있으면서도 이 지식의 보고를 철저히 무시하고 아무런 흥미도 보이지 않고 있는 것일까?

나는 마르크스를 신이나 영웅처럼 떠받들고 싶은 것이 아니다. 사실 세계의 수많은 공산 국가에서 오랫동안 마르크스를 진리와 권위의 성전에 모셔 놓는 바람에, 우리가 마르크스를 이해하고 마르크스의 저작으로부터 지혜를 흡수하는 데는 도움이 되지 않았을 뿐 아니라 오히려 가장 분명한 장애와 피해가 되었다. 하지만 과거의 그런 방식으로 읽고, 나중에 또 여러 번 반복해서 읽으면서 나는 『자본론』이 진실로 반복해서 읽을 만한 가치가 있는 책이고, 그 속에서 우리의 사회 현실과 정의의 이상을 사유하는 데 유용한 지식을 얻을 수 있음을 확신하게 되었다.

4

2005년, 나는 '청핀 강좌'에 '현대고전 정독' 과정을 개설했다. '현대고전'이란 물질적으로든 정신적으로든, 공간으로든 가치관의 면에서든 현대 세계의 모습에 커다란 영향을 미친 저작을 말한다. 심지어 우리는 이 저작들이 오늘날 우리가 왜 이렇게 살아야 하고, 왜 이렇게 느껴야 하는지를 결정했다고 말할 수도 있을 것이다. 사상과 관념이라는 말은 얼핏 추상적이고 허무하게 들릴 수도 있다. 하지만 역사를 되돌아보면 가장 거대한 변화는 종종 사상과 관념으로부터 시작되었음을 알 수 있다. 오늘날 우리가 믿고 당연하게 여기는 것들은 거의 모두 과거의 사상과 관념이 변화되면서 만들어진 것들이다.

'현대고전'은 사상과 관념을 제시한 책이다. 이런 사상과 관념이 책을 통해, 그리고 책을 읽는 사람을 통해 새로운 신념과 그에 상응하는 새로운 행위를 만들어 냈다. '현대고전'을 읽는 것은 현대 생활, 즉 오늘날 우리 자신의 삶을 만든 사상과 관념의 근원을 이해하는 것이다. 좋든 싫든 오늘날의 세계, 오늘날의 생활은 상당 부분 19~20세기 서양의 사상과 관념에 기대어 이루어졌다. 이러한 세계와 조류를 비판하고 변화시키려면 먼저 현실의 근원을 깊이 이해하는 일부터 시작해야 할 것이다.

'현대고전 정독'은 마르크스와 다윈, 프로이트의 작품부터 시작했다. 이 세 사람의 사상은 유럽인의 세계관을 크게 변화시켰고, 더 나아가 유럽 세력의 확장을 통해 세계 전체를 바꾸었다. 간략하게 말하자면 "마르크스는 인간과 인간의 관계를 변화시켰고, 다윈은 인간과 자연의 관계를 변화시켰으며, 프로이트는 인간과 자아의 관계를 변화시켰다."

이는 19세기에서 20세기로 접어드는 시기의 사상의 핵심이다. 우리는 시간을 들여서라도 이를 이해할 필요가 있다. 나는 다윈에 대한 책『종의 기원을 읽다』와 프로이트에 대한 책『꿈의 해석을 읽다』를 이미 출간했다. 그리고 이번에 이 책을 출간하게 되었다. 이로써 내 마음속의 핵심 프로젝트 가운데 하나인 '19세기 3부작'을 완성하게 된 셈이다.

이 세 권의 책은 서로 연결되니 관심 있는 독자 여러분은 참
조하면서 읽어도 좋겠다.

형식과 내용이 완전하게 일치하는 '진실'을 추구하다

마르크스는 진정으로 훌륭한 사회는 사람이 '소외'에서 벗어나 자신이 주인이 되어 자유롭게 '진실한 삶'을 추구할 수 있는 사회라고 생각했다. 이 때문에 그는 어떤 사회 요소가 사람을 '진실하게' 살지 못하게 하는가를 가장 열심히 분석했다. 그의 눈에는 바로 자본과 자본주의가 사람과 '진실' 사이의 가장 커다란 장애였다.

노동자에게는 조국이 없다?

최근 몇 년간 나는 기꺼워하면서, 그리고 즐기면서 마르크스를 다시 읽고 있다. 마르크스는 읽을 때마다 새로운 깨달음을 준다. 그는 언제나 사람들의 마음을 격동케 한다. 나는 마르크스를 읽으면서 내가 역사를 공부한다고 여긴 적이 없다. 이미 역사의 흔적이 되어 버린 철 지난 사상에 접속하는 것은 단지 과거에 있었던 인류의 경험을 이해하기 위함이다. 하지만 나는 한 번도 마르크스가 철 지났다고 생각한 적이 없다.

마르크스의 사상은 폭이 굉장히 넓고, 연결되는 영역과 방향도 대단히 다양하다. 그가 깊이 사유했던 문제들을 읽어 보면 오늘날의 현실 문제와 긴밀히 연결되어 있다는 사실을 깨닫게 된다. 예컨대 마르크스가 원래 가졌던 생각으로 돌아가면, '세계화'에 대해 대단히 훌륭한 시각을 제공하는 그의 의제들을 발견하게 될 것이다.

마르크스가 제시한 중요한 개념 가운데 하나는 '노동자에게는 조국이 없다.'라는 것이다. 그가 19세기 중엽에 이런 개념을 제시하자 이 개념은 그 후로 널리 퍼지면서 초기 노동 운동의 우렁찬 구호 겸 지도 원칙이 되기도 했다. '노동자에게 조국이 없다.'라는 말은 도대체 무슨 의미일까? 통속적인 견해에 따르면 이 말은 마르크스가 노동자 계급의 특징을 묘사한 것이다. 마르크스는 노동자 계급은 본질적으로 그들의 국적 정체성을 초월하며, 공동의 계급 이익을 옹호하는 입장에 선 영국, 독일, 러시아 등지의 노동자가 국경을 초월한 노동의 진영을 이루리라 믿었다. 다시 말해서 '노동자에게는 조국이 없다.'라는 마르크스의 명제는 노동자 계급의 '현실'을 관찰하여 나온 묘사다.

이런 관점에서 출발하면, 이리저리 전파되어 온 갖가지 비판과 심지어 조롱도 만나게 된다. 많은 사람이 마르크스의 전체 이론에서 핵심은 노동자 계급이지만 애당초 마르크스는 노동자 계급을 이해하지 못했고 노동자 계급에 대한 그의 관찰과 묘사조차 전부 잘못되었으며, 역사 또한 분명하게 그의 오류를 증명한다고 비판한다. 1914년에 제1차 세계 대전이 발발하자 19세기부터 수십 년에 걸쳐 발전해 온 유럽의 노동 운동은 민족주의의 공세에 직면하여 대적할 방법을 전혀 찾지 못했다. 각지의 노동자는 줄지어 전쟁에 참여했고 자신의 조국을 위해 전장에서 다른 나라의 노동자와 싸우고 살육을 벌임으로써 당시의 국경 없는 노동 전선인 제3인터내셔널이 와해되는 결과를 낳고 말았다.

'노동자에게 조국이 없다고? 마르크스는 무슨 헛소리를 하고 있는 것인가? 노동자에게도 당연히 조국이 있다!'

하지만 마르크스 사상의 맥락으로 되돌아가 보면, 특히 마르크스와 헤겔 철학 사이의 관계를 이해하고, 그들이 어떻게 역사를 대했는지, 어떻게 '자인'과 '졸렌'*을 구분했는지 이해한다면, 이처럼 거친 방식으로 '노동자에게는 조국이 없다.'라는 말을 비판하진 않을 것이고 비판할 수도 없을 것이다.

마르크스는 노동자 계급이 계급 의식 때문에 조국을 포기한다고 말한 적이 없다. 이는 마르크스 이론의 방식이 아

---

* 자인(Sein)과 졸렌(Sollen)은 철학 용어이자 명제다. 자인은 사실을 대표하고 졸렌은 당위성을 나타낸다. 자인은 실재의 상황이 어떤지를 나타내고 졸렌은 상황이 어떠해야 하는지를 나타낸다.

니다. 마르크스 이론에서는 노동자가 건설하고 통치하는 사회주의가 역사의 다음 단계에 해당하는 미래로서 지금의 현실을 대체하게 된다. 그렇다면 현실은 무엇일까? 현실, 즉 '자인'의 영역에서 인류는 자본주의의 역사 단계에 처해 있다.

따라서 우리는 '자본'에서 이야기를 시작해야 하고, '자본'을 먼저 이해해야 한다. 자본, 특히 19세기 유럽에서 마르크스가 본 발달된 산업 자본주의는 일단 형성된 다음에는 너무나 쉽게 국경을 넘어 국가와 정부 권력이 통제할 수 없는 거대한 힘이 되었다. 진정으로 근본적인 현상은 '자본에는 조국이 없다.'라는 것이다. 자본은 국가와 정부의 의도에서 벗어나 국경을 넘어 어디든지 흘러 다니면서 가장 높은 이익을 찾고 창출한다. '자본에는 조국이 없다.'라는 말은 '자본가에게는 조국이 없다.' 혹은 나중에 좀 더 통속적인 화법으로 나온 '상인에게는 조국이 없다.'라는 말과도 다르다. 자본가나 상인은 국적이 있을 수 있고 주관적인 의식 면에서 자기의 국적에 대한 정체성을 가질 수 있지만, 그렇다 해도 규모가 더 크고 수준 높은 '자본에는 조국이 없다.'라는 역사의 움직임을 바꾸지는 못한다.

이 점이야말로 마르크스의 관찰이자 대단한 통찰이다.

그가 말하고자 한 것은 자본주의 사회에서 자본은 자체적인 작동 논리를 갖추고 있으며, 그 움직임은 자본을 쥐고 있는 자본가마저도 주관적인 의지로 통제할 수 없다는 사실이다. 자본가가 자본을 통제하는 것이 아니라 자본이 자본가를 통제한다. 자본은 인위적인 것이고 자본가가 투자를 통해 창출한 것이지만 일정한 정도에 이르면 오히려 자본가의 행위를 결정하고 자본가를 조종하게 된다. 이것이 바로 마르크스가 헤겔로부터 물려받아 더욱 확장하고 변화시킨 '소외'의 개념이다. 이 개념은 사물의 발전이 일정한 단계에 이르면 오히려 그 적대자가 되어, 원래 인간에 의해 창조된 사물이 반대로 인간을 통제하고 심지어 완전히 새로운 인간으로 창조하게 된다는 것을 의미한다.

국경을 넘는 자본

100여 년 전에 '자본에는 조국이 없다.'라는 개념이 처음 제시되었을 때, 이를 설명하는 것은 무척 어려운 일이었고 이해하는 것은 더더욱 어려운 일이었다. 하지만 100여 년이 지난 오늘날에는 이를 설명하고 이해하기가 훨씬 쉬워졌다. 한 가지 간단한 예를 들어 보자. 오늘날 자동차 기업들 가운데 '닛산'Nissan이라는 회사가 있다. 이 회사는 어느 나라 기업일까? '닛산'이라는 회사명은 '日産'(일산)이라는 한자를 일본어로 읽은 것이고 '일산'이라는 두 글자의 의미는 너무나 명백하다. 일본산이라는 뜻이다. 이런 이름을 지은 이유도 아주 명백하다. 이 자동차와 회사가 일본에 속해 있음을 드러내고자 한 것이다.

하지만 오늘날 우리는 닛산이 일본 기업이라고 간단하게 단언할 수 있을까? 우선 '닛산'이라는 상표를 달고 있는 자동차를 타이완에서는 위룽裕隆이라는 기업이 생산하고 중국에서는 둥펑르찬東風日産이라는 기업이 생산하고 있다. 두 기업에서 만든 차는 모두 법률적으로나 시장 논리로나 일본 수입품이 아닌 '국산차'로 인정된다. 더 골치 아픈 것은 제품이 아니라 기업 자체다. 닛산은 정말로 일본에 속한 일본인의 기업일까?

닛산의 최대 주주는 르노 자동차다. 우리는 르노가 프랑스 자동차 회사라는 사실을 잘 알고 있다. 과거에 우리는 르노라는 이름을 단 차를 당연히 프랑스 자동차라고 생각했다. 그러니 오늘날의 닛산이 이미 프랑스 기업이 되었다면 닛산 자동차는 실질적으로 프랑스의 자동차가 되는 것이 아닐까?

이 답안 역시 그다지 정확하지 못하다. 닛산의 경영자

는 기본적으로 여전히 일본인이 중심이다. 르노 자동차 말고도 닛산에는 다른 주주들이 많을 뿐 아니라 닛산 또한 세계 각지의 다른 자동차 회사에 투자함으로써 아주 복잡한 소유권 네트워크를 형성하고 있다. 여기에는 위룽과 둥펑도 포함된다. 그리고 르노 자체도 프랑스인의 자금만 받아들인 것이 아니라서 소유권 구조의 복잡함으로는 절대 닛산에 뒤지지 않는다.

닛산은 더 이상 단순한 일본 기업이 아니고 르노도 단순히 프랑스 기업이 아니다. 사실 이제 닛산과 르노라는 거대한 자동차 기업은 국가와 국적으로 구분할 수 없게 되었다. 지금 우리가 익숙하게 '국제기업', '다국적기업' 등으로 부르는 이들 기업은 어느 특정 국가에 속하지 않고 사업 범위를 세계 각지로 확대한다. 그렇다면 국제기업이나 다국적기업이야말로 '자본에는 조국이 없다.'라는 명제를 입증하는 가장 훌륭한 사례가 아닐까?

닛산이나 르노 같은 기업을 원래의 국적에서 빼내 국제기업 혹은 다국적기업으로 만든 것은 어느 일본인이나 프랑스인이 작정하고 추진한 결과일까? 닛산의 주식 상당 부분이 르노에 전매되었을 때, 일본인은 이런 거래를 성사시킨 사람들을 붙잡아 시원하게 두들겨 패거나 심지어 이들의 행위를 반反국가 범죄로 고소했을까?

그럴 리가 없다. 이런 상황은 오랜 시간을 거쳐 발전해 온 것으로, 어떤 개인의 결정에 따른 것도 아니고 어떤 개인이 결정할 수 있는 것도 아니다. 진정으로 이런 결정을 내린 힘은 자본 운용의 근본 법칙이다. 투자는 최대 이윤을 추구한다. '자본'은 더 높은 이윤을 내놓는 곳이 있다면 어디든 달려가고, 원가를 절감하고 투자 효율을 높일 수 있는 일이라면 무엇이든 한다. 오랜 세월에 걸친 발전을 통해 이 근본 법칙은 이미 보편적인 신념으로 승화되었고, 이 신념의 힘은 이에 저촉되거나 이를 용납하지 않는 다른 힘을 무너뜨리기에 충분할 정도로 성장했다. 상대가 민족이나 국가일지라도 마찬가지다.

'자본'이 이익을 추구한다는 법칙은 심지어 자본가마저도 넘어선다. 자본은 창조자인 기업가와 자본가를 소외시키기도 한다. 자본가에게는 조국이 있을 수 있고 기업인에게도 조국이 있을 수 있지만 '자본'은 이들을 끌고 이들의 국경과 조국을 초월한다.

100여 년 전, 마르크스는 관찰과 사유를 통해 이런 현상을 예견했다. 이 때문에 그는 '노동자에게는 조국이 없다.'라는 운동 구호를 '졸렌' 차원의 해결책 혹은 대항 방법으로 삼

앉다. 노동자가 자주성을 확보하려면 자본가에게 '잉여 가치'를 창출해 주는 도구로 전락하지 말고 '자본에는 조국이 없다.'라는 본질에 맞서 '노동자에게는 조국이 없다.'라는 국경을 초월해 연대해야 한다는 것이다.

영국 노동자 하나가 영국 자본가에게 대항하기로 마음먹어 봤자 아무런 승산이 없다. 영국 자본가의 배후에는 전 세계 곳곳에 국경을 초월하는 자본의 연맹이 있다. 독일 자본가, 프랑스 자본가, 미국 자본가는 영국 자본가에 대한 동질감과 우정이 아니라 자본의 이익 추구 기회를 보호하고자 수시로 연합해 자본의 이익을 방해하는 힘에 대응한다.

마르크스는 국경 개념에 입각한 시각으로 자본을 대하면 하나의 국가에 있는 자본과 자본가만을 볼 수 있을 뿐이며, 이러한 노동 운동은 영원히 성공할 수 없다고 보았다. 자본은 국경을 초월하고 자본가는 자본의 본질에 기초한 연맹을 형성할 수 있다. 따라서 자본가에게 대항하려면 **노동자와 노동 운동도 반드시 국경을 초월하는 연합 전선을 형성해야 하는 것이다.**

'노동자에게는 조국이 없다.'라는 말은 현실의 묘사가 아니라 당위 명제이다. 마르크스가 주장한 원래의 의도로 돌아가 보면 우리는 '제1차 세계 대전'이 그의 착오를 증명한다는 오해에서 벗어나 반대로 그가 100여 년 전에 세운 '노동자에게는 조국이 없다.'라는 당위 명제와 그 이론이 20세기 절대 다수의 경제학자가 제시한 그림보다 오늘날 세계의 현실에 훨씬 가깝다는 놀라운 사실을 발견하게 될 것이다.

자본의 강대한 욕망을 어떻게 통제할 것인가

오늘날의 현실에서 정치권력과 경제권력 사이에는 수많은 사람이 인정하기 싫어하고 직면하기 꺼리는 차이가 있다. 정치권력은 국가를 기본 범위로 하고 각 정부의 권력은 국경을 한계로 삼는다. 일본 정부는 한국을 관리할 수 없고 한국 정부는 러시아의 정책을 결정할 수 없다. 일본 국민이 한국의 대통령 선거에 투표권을 행사할 수 없고 한국 국민도 당연히 러시아의 선거에 개입할 수 없다.

하지만 '닛산 자동차'는 어떤가? 일본 정부에 닛산을 통제하고 단속할 권력이 있을까? 없다. 닛산은 이미 일본 기업이 아니다. 그렇다면 프랑스 정부에는 닛산을 통제할 권리가 있을까? 역시 없다. 닛산은 프랑스 기업도 아니기 때문이다. 반대로 닛산은 영향력과 자본력을 이용해 일본 정부는 물론, 심지어 러시아 정부의 정책을 바꾸고자 할 것이며 그럴 능력도 있다. 닛산에서 일본에 있는 자동차 공장을 폐쇄해 수만 명의 노동자를 실업으로 내몰겠다고 위협하면, 일본 정부에서는 정책을 조정하여 공권력을 통해 닛산의 생각을 바꾸려 할 것이다. 또한 닛산이 일본에서 폐쇄된 생산 라인을 러시아로 이전하겠다고 하면 러시아 정부는 정책을 조정하고 공공 자원을 동원해서라도 닛산의 계획에 호응하려 들 것이다.

타이완에는 전 세계에 유일무이한 고속철도 노선이 하나 있다. 일본의 신칸센과 유럽 고속철도의 혼혈 시스템이다. 어떻게 이처럼 괴상한 혼혈아가 태어나게 된 것일까? 이는 사실 타이완 정부의 외교 고민에서 나온 결과다. '타이완 고속철도'는 누가 뭐래도 타이완 기업이고 정부에서 부여한 특별 허가 사업권으로 운영되어 타이완 정부에서 백 퍼센트 통제할 수 있는 기업이다. 이리하여 정부는 '타이완 고속철도'에 필요한 자재를 일본뿐 아니라 유럽에서도 수입하도록 규정했다. 정부의 의도는 아주 간단했다. 거대한 물품 수입 금액을 미끼로, 이 큰 거래를 잡으려는 유럽 고속철도 회사에서 그들 정부에 압력을 가해 타이완에 유리한 외교 환경을 조성하게 하려는 것이었다. 다시 말해서 정부에 영향을 미칠 뿐 아니라 조종까지 할 수 있는 기업의 능력을 겨냥한 것이다.

다국적기업이 어느 정부에 영향을 미치거나 심지어 조종할 수 있는 것은 무엇보다도 그 기업이 어떤 단일 국가에도 속해 있지 않기 때문이다. 따라서 타이완 고속철도처럼 명확한 국적을 지닌 기업에는 정부에 영향을 미치고 정부를 조종할 수 있는 능력이 있을 수 없다. 정치권력은 여전히 국경 범위에서 운용되지만, 자본의 이익과 경제권력은 일찌감치 국경을 초월하고 있다. 이것이 심각한 현실 문제다. 이런 문제에 어떻게 대처해야 할까? 적어도 한 가지 방법이 있다. 마르크스에게 돌아가 그의 사상에서 영감과 지혜를 얻는 것이다.

'노동자에게는 조국이 없다.'라는 말은 우리에게 자본과 자본가를 제압할 수 있는, 국경을 초월한 조직이 필요하다는 현대적 계시를 던지고 있다. 어쩌면 이런 조직은 전통적인 의미의 노동 운동 조직이 아니라 보다 다원화된 국제 비정부 기구international NGOs일 필요가 있다. 하지만 근본적으로는 첫째, 국경을 초월해야 하고 둘째, 자본이 욕망을 위해 발휘하는 거대한 힘을 억제할 수 있어야 한다. 이 두 가지 모두 당시 마르크스가 제시했던 '졸렌'의 명제와 일맥상통한다.

담배의 폐해 문제를 예로 들어 보자. 담배 제조사들은 이미 오래전에 거대한 다국적기업으로 성장해 빠른 속도로 시장을 개척하면서 가는 곳마다 적을 무너뜨리고 있다. 그렇다면 어떤 방법으로 담배 제조사의 확장 행위를 억제할 수 있을까? 각국 정부와 사법 기구를 통해 개별적으로 담배 제조사를 통제할 수 있는 법규를 제정할 수 있을 것이다. 예컨대 미국에서는 금연 운동이 거세게 일면서 건강 배상 소송으로 담배 제조사들에 25년 내에 2천억 달러가 넘는 돈을 배상하라는 판결이 났다. 자그마치 2천억 달러다! 천문학적인 금액이 아닌가? 이 금액은 6조 타이완 달러에 해당하는 액수이고 타이완 정부의 3년 예산에 해당하는 돈이다.

이렇게 해서 담배 제조사들이 비참해졌을까? 진 것이 분명한 그들은 곧 도산하게 될까? 너무 빨리 단정해선 안 될 일이다. 미국에서 담배 제조사가 참패한 것은 분명한 사실이다. 그러나 잊지 말아야 할 것은 그들이 미국 이외의 전 세계 시장을 장악하고 있다는 점이다. 미국에서는 참패를 당했지만 해외 다른 국가에서는 여전히 적극적인 시장 공세를 펼치면서 미국에서 지불한 배상금을 회수하고 있다. 이리하여 우리는 25년을 기다릴 필요도 없이 불과 4~5년 만에 제3세계 국가의 흡연 인구가 큰 폭으로 증가했고 흡연 연령도 크게 낮아진 것을 확인할 수 있다. 전 지구적 시각에서 볼 때 흡연 피해는 오히려 더 심각해지고 있는 셈이다.

미국은 전 지구적 패권을 행사하는 초강대국이고 미국 사법 기관은 담배 제조사에 가장 엄격한 조치를 내릴 수 있다. 하지만 그들도 담배 제조사의 이익 기반을 흔들지는 못한다. 그렇다면 어떤 국가, 어떤 정부에서 담배 제조사의 위력에 대항할 수 있을까? 담배 제조사의 힘에 대항할 수 있는 방법은 단 한 가지밖에 없다. 서로 다른 국가와 각국 금연 단체가 연합하여 국제 비정부기구를 결성하고 국경 밖의 세력이 연합하여 담배 제조사에 대항하는 것이다. 담배 제조사의 이익은 다국적적이고 그들의 전략과 집행 역시 다국적적이다. 따라서 국경의 제한을 받는 정부의 힘만으로는 그들에게 대항할 방법이 없다.

존재에서 생성으로

마르크스는 자신의 저작에서 시대를 앞서 가는 수많은 견해를 제시했다. 불과 20세의 젊은 나이에 자신의 존재를 알리기 시작한 그는 『라인 신문』 편집자로 일하면서 언론의 자유에 관한 글을 발표했다. 그의 관점은 대단히 분명하고 직선적이었다. 마르크스는 언론 자유의 핵심이 법률 보장에 있으며 법률 조문으로 분명하게 보장된 자유만이 진정한 자유라고 생각했다. 그가 자유를 대하는 방식은 자유의 주체가 무엇을 할 수 있느냐 하는 관점이 아니라 자유를 침범하고 제한할 수 있는 힘에 대한 검증에서 나온 것이다. 자유의 핵심은 그 누구의 자의적이고 임의적인 침범을 받지 않는 것이기 때문에 이 자의적이고 임의적인 침범을 받지 않는 범위를 확정해야만 자유가 있다고, 혹은 자유가 구체적인 의미를 얻었다고 말할 수 있다.

하지만 그가 쓴 이 글은 읽어 내기가 쉽지 않다. 복잡한 헤겔 철학의 용어와 관념을 숙지해야만 이 글에서 말하는 법률과 자유의 관계의 핵심을 깊이 있게 이해할 수 있다. 마르크스의 글 몇 편, 특히 초기 작품을 읽어 보면 마르크스의 가장 중요한 신분이 에드먼드 윌슨*이 말한 '선동가'가 아니라 '철학자'였음을 알 수 있다. 철학적 맥락의 원류를 따라가며 마르크스를 이해하는 것이 선입관 위주로 그를 선동가나 혁명가로 간주하는 것보다 훨씬 의미 있다.

사상사가 프랭클린 보머**는 서양 근대 철학의 동향을 정리하면서 '존재에서 생성으로'From Being to Becoming라는 아주 훌륭하고 실용적인 표현을 한 바 있다. 이는 근대 철학과 전통 철학의 가장 큰 차이점이다. 전통 철학의 근본 동기는

---

* 에드먼드 윌슨(Edmund Wilson, 1895~1972)은 20세기 미국의 가장 대표적인 작가이자 문학 및 사회평론가다. 저서로『핀란드 역으로』와『애국의 선혈』(Patriotic Core) 등이 있다.
** 프랭클린 보머(Franklin Baumer, 1913~1990)의 저서로는『유럽 근현대 지성사』가 있다.

변하지도 않고 움직이지도 않으며 모든 분화 현상을 배후에서 통합하는 존재Being, 즉 모든 변화를 창조하지만 자신은 변하지도 않고 움직이지도 않는 실체를 찾는 것이다. 전통 철학에서 이 불변하는 존재는 변동하는 현상에 비해 위계가 훨씬 높다고 여겨진다. 어쩌면 철학의 출발점은 바로 변동하는 현상을 믿지 않고 변화와 현상의 배후에 반드시 불변하는 실체가 있다고 굳세게 주장하는 것이라고 할 수 있다. 고대 그리스의 플라톤부터 르네상스 시대의 철학 사상에 이르기까지 변화하는 현상은 전부 거짓으로 여겨졌다. 철학은 이러한 거짓 현상을 꿰뚫어보고자 했으며, 이러한 거짓 현상을 도전으로 간주해 이를 부수고 파괴하여 그 배후에 감춰진 불변의 진실을 찾으려 했다. 그것이 실존이요 본질이며 우리가 장악하고 신임해야 하는 대상이었다.

하지만 근대로 접어들면서, 다시 말해 계몽주의 시대 이후로 거대한 방향 전환이 이루어졌다. 변화가 갈수록 빨라지고 갈수록 많아지다 보니 기존의 태도로는 이에 대응할 수 없었고, 이로 인해 사람들은 더 이상 이를 끊임없이 생성되었다가 소멸되는 현상 혹은 실체와 본질의 불완전하고 결여된 반영물로 간주할 수 없게 되었다. 그리하여 변동과 변화는 점차 철학 사유에서 독립된 지위를 차지하게 되었다.

17세기 이전에는 얼마나 먼 거리를 우회하든 기본적으로 사람들은 '이 세계가 어떻게 생겨났는가? 어째서 '무'無가 아니고 '유'有인가? 어째서 세계는 비존재가 아닌 존재인가?'를 물었다. 세계는 공허한 것이 아니라 일정한 힘과 원리로 존재했다. 세상의 만물과 모든 현상은 존재하는 것인 만큼 반드시 해석되어야 하는 핵심 문제였다.

17~18세기 이후로는 기본 문제가 바뀌었다. 사람들은 더 이상 세계가 왜 존재하는지 묻지 않게 되었고 세계의 존재를 사실로 받아들이면서 다른 질문을 던지기 시작했다. '이 세계는 왜 변하는 것일까? 세계를 창조하고 존재하게 만든 그 힘은 왜 우리에게 완전하고 고정된 세계를 주지 않고 계속 변화하게 만든 것일까? 왜 우리가 마주하는 세계는 단순히 존재하는, 줄곧 거기에 있는, 존재하는 본체가 모든 것을 뒤덮고 있는 세계가 아니라 존재 이후, 존재 밖에서 끊임없이 변화하는 세계인가? 변화는 어떻게 생기고 왜 생기는가?'

19세기의 사상 동향은 변화를 탐색하는 경향이 훨씬 더 두드러진다. 변화가 변화하지 않는 것보다 더 중요해진 것이다. 혹은 변화가 변화하지 않는 것보다 훨씬 탐색할 가치가 있고 우리의 삶과 더 밀접하다고 말할 수도 있을 것이다. 다원은 생물의 세계가 어떻게 변화하는가 하는 문제에 대한 이론으로 유럽 전체를 뒤흔든 바 있다. 다윈의『종의 기원』을 읽고 그와 동시대에 최고의 지성을 자랑하던 영국인 헉슬리가 보인 첫 반응은 몹시 억울해하고 분통해하면서 "이렇게 분명한 이치를 나는 왜 여태 생각하지 못했던 것일까?" 하고 탄식하는 것이었다. 헉슬리뿐 아니라 수많은 다윈의 동시대인이 그들의 지식과 지혜를 동원해, 이렇게 복잡하고 끊임없이 변하는 세계가 도대체 어디서 온 것일까 하는 문제에 골몰했기 때문이다. 변화를 자극하는 법칙은 무엇이고 변화를 관할하는 원리는 무엇인가? 그들은 이런 문제를 진지하게 정리하고 사유한 결과 다윈의 새로운 발견을 한눈에 알아볼 수 있었고, 이처럼 새로운 사실을 자신이 좀 더 일찍 발견하지 못했다는 사실을 무척 애석하게 여겼다.

다윈은 새로운 발견을 통해 생물 종의 변화에 대한 아주 간단하고 보편적인 인과 법칙을 제시했다. 그는 더 이상 생물 종을 조물주가 창조한 것이자 변하지 않고 움직이지 않는 것이라고 보지 않았다. 이는 너무나 당연했다. 또한 그는 더이상 개별 생물 종의 변화 원인도 탐구하지 않았다. 그가 찾은 것은 모든 종에게 적용되는 보편적인 변화 방식이었다. 생존 환경의 필요에 적응하기 위해 생존에 유리한 요소는 그대로 남아서 능력을 발휘하고 불리한 요소는 위축되거나 소실된다. 모든 생물 종이 이 법칙에 따라 변화하는 것이다.

　그러나 '존재에서 생성으로'라는 사고의 거대한 변화 궤적에서 볼 때, 다윈의 새로운 발견은 '생성'에 대한 사람들의 호기심과 의혹을 충분히 만족시킬 수 없었을 뿐 아니라 더 크고 많은 호기심과 의혹을 불러일으킬 수밖에 없었다. 다윈은 우리에게 생물 종의 변화는 주로 환경의 변화에 적응하기 위한 것이라고 말한다. 그렇다면 누구나 자연스럽게 한 걸음 더 나아간 질문을 던질 것이다. 어째서 환경에 변화가 발생하는 것인가? 이미 사람들은 '그것이 신의 뜻이다.'라는 대답으로 모든 의혹을 부정하는 태도를 받아들일 수 없었다. 그리하여 환경의 변화를 해석하는 답은 다른 변화의 힘에서 찾지 않으면 안 되었다. 이 때문에 문제는 끊이지 않고 제기되었다. 변화는 왜 발생하는가? 변화의 의미는 어디에 있는가? 변화에는 어떤 방향과 목적이 있는가? 이렇게 가장 근본적인 문제에 이르기까지 사람들의 질의는 멈추지 않고 계속되었다.

'정립-반정립-종합'의 변증법

마르크스가 성장하던 시대에 가장 유행한 철학은 헤겔 철학이었다. 똑똑하거나 스스로 똑똑하다고 생각하는 젊은 이라면 누구나 헤겔을 읽지 않으면 안 될 정도였다. 헤겔이 중요해진 부분적인 원인은 그가 '존재에서 생성으로'의 조류에 효과적으로 대응하면서 변화의 현상을 해석하는 데 필요한 특별한 '변증법'을 내놓았기 때문이다.

변증법의 기본적인 공식은 '정립 - 반정립 - 종합'이다. 간단히 말하자면 헤겔은 어떤 현상이 발생한 뒤에는 시간의 흐름에 따라 누적이 발생한다고 생각했다. 『성서』「창세기」의 기록에 따르면 야훼는 아담과 하와를 창조했으나 아담과 하와의 단계에서 멈추지 않았고 멈출 수도 없었다. 아담과 하와는 자손을 낳을 수 있었지만 하나같이 자신과 똑같은 인간이었다. 세 번째, 네 번째, 다섯 번째…… . 모두 그들과 다르지 않았다. 하지만 그 두 사람으로부터 시작하여 다섯 명, 열 명에 이르기까지 그 누적은 '같음' 속에 '다름'을 만들어 냈다. 누적과 증가가 모든 변화의 근원인 것이다.

어떤 좋은 사물, 심지어 '정상적인' 범주에 속하는 어떤 사물에도 증가하는 동력이 있다. 세상에 사람의 존재가 바람직하고 정상적인 것이라면 아담과 하와 이외에 다른 세 번째 사람과 네 번째, 다섯 번째 사람의 존재를 거부하거나 저지할 이유가 없다. 우리는 본질적으로 이것이 좋은 일이라고 긍정한다. 이리하여 이런 일을 더 많이 해야 한다는 무언의 도덕적 훈령이 내려진다. 이것이 헤겔이 말하는 '정립'이자 모든 것의 시작이다.

헤겔의 이론에는 여전히 조물주가 존재한다. 조물주가 일부러 나쁜 사물을 창조할 리가 없다. 이는 신학에서 필연적인 주장이다. 조물주는 좋은 사물을 창조했고, 그리하여 이 좋은 사물은 번성해 나가기 시작한다. 좋은 사물들 자체가 그 증식을 허가하는 도덕적 훈령을 띠고 있는 것이다. 이리하여 조물주가 창조한 이 좋은 사물들은 계속 증가하고 누적되어 '양'이 일정한 정도에 이르면 이번에는 그 '질'에 영향을 미치고 변화시킨다.

이것이 '변증법'의 첫 번째 변화의 법칙인 양에서 질로의 변화다. 또는 양적인 변화가 질적인 변화를 유도한다고 할 수도 있다. 좋은 사물들이 끊임없이 증가하여 일정한 정도에 이르면 그 성질이 변한다. 게다가 헤겔의 주장에 따르면 이 변화는 기존에 있던 성질의 대립면이 된다. 예컨대 재물을 놓고 이야기할 때 돈 1달러가 더해지는 것은 좋은 일이

헤겔은 마르크스의 중요한 철학 배경이다. 헤겔의 변증법과 역사 철학은 둘 다 마르크스에게 거대한 영향을 미쳤다. 하지만 마르크스는 헤겔 철학의 위와 아래를 뒤집었다.

고 2달러가 더해지는 것은 더 좋은 일이다. 하지만 이런 식으로 2백만 달러가 되었을 때의 1달러는 더 이상 이전의 1달러가 아니다. 1달러는 원래의 가치를 잃는 동시에 이를 갖고 있는 사람도 1달러의 소중함을 느끼지 못한다. 재물이 우리 인생에 행사하는 기능 역시 변한다. 1달러의 증가는 우리에게 약간의 풍요로움을 느끼게 한다. 하지만 2백만, 2천만 달러에 이르게 되면 재물은 더 이상 우리에게 풍요로움을 가져다줄 수 없을 뿐만 아니라 오히려 우리의 삶을 폐쇄적인 것으로 변질시키고 재물의 축적을 위해 재물의 모든 기능을 폐기시킨다. 이처럼 양질 변화는 원래 '좋은' 것을 '나쁜' 것으로 변하게 하고 '정립'을 '반정립'으로 변하게 한다.

'정립'에서 '반정립'으로 변해 '반정립'이 일정 정도 누적되면 원래의 '정립'의 가치가 다시 각도와 방식을 바꾸어 모습을 드러낸다. 우리는 언제쯤 재물의 진정한 의미에 대한 사유로 돌아갈 수 있을까? 아마도 '돈밖에 가진 것이 없을 정도로 가난해졌을' 때일 것이다. 돈이 1달러밖에 없을 때에 우리는 재물이 무엇인지 분명히 알지만 1만 달러를 갖게 되었을 때에는 무엇 때문에 재물을 추구하고 무엇 때문에 재물을 소유하는지 분명하게 알지 못하게 된다. 그럼 언제쯤 모두가 재물을 새롭게 인식하고 1달러의 진정한 가치를 새롭게 인식하게 될까? 아마도 주변 환경에 '반정립'이 가득하고 재물에 대한 맹목적인 추구와 탐욕이 가득하여 2백만 달러 정도가 아니면 돈으로 여기지도 않고 심지어 1달러가 돈으로 여겨지지도 않을 때일 것이다. 이처럼 극단적인 상황에서만 우리는 과거에 재물을 대했던 처음의 순수한 자세를 회복할 것이고, 과거에 느꼈던 재물의 좋음과 아름다움을 그리워하게 될 것이다.

다시 말해서 '정립'에서 '반정립'으로 변화한 다음에도 모든 것이 '반정립'의 단계에 멈춰 있는 것이 아니라 변화를 계속하여 '반정립'의 상태를 회의하거나 더 나아가 뒤집게 된다. 하지만 변화의 다음 단계는 '정립'의 원점으로 돌아가는 것이 아니라 '정립'과 '반정립' 양자 사이에서 '종합'을 형성한다. 이는 '정립'도 받아들이고 '반정립'도 받아들여 창조해 내는 새로운 가치다. 다시 재물을 예로 들자면 이는 1달러의 가치도 몸으로 느낄 수 있는 동시에 2천만 달러의 의미도 알 수 있는, 재물과 우리의 생명이 만들어 내는 새롭게 전환된 관계라고 할 수 있다.

그렇다면 '종합'은 대단원의 결말인 셈일까? 아니다. 변증법은 우리에게 '종합'이 새로운 긍정적 가치이자 변화를 통해 얻은 좋고 아름다운 답안이긴 하지만 동시에 또 하나의

'정립'이 되어 그다음 '정립-반정립-종합'의 순환에 진입하도록 정해져 있음을 말해 준다.

우리는 한때 1달러를 소중히 여겼다가 나중에는 2천만 달러를 물 쓰듯이 쓰며 갖가지 반성과 사유를 거치고 나서야 재물의 새로운 의미를 찾게 되었다. 현실과 개인의 각도에서 볼 때, 1달러 또는 2천만 달러는 모두 충분한 의미를 갖지 못한다. 우리는 재물을 미래에 투자해야 하고 교육 사업에 사용해야 한다. 이것이 바로 변화된 재물의 새로운 방향이다. 이러한 '종합'은 좋기 때문에 이런 식으로 재물을 대하도록 다른 사람을 설득하기는 어렵지 않다. 그리하여 갈수록 더 많은 돈이 교육 사업에 투자되고 모두들 학교를 설립하게 되면 기존의 학교는 전부 승급되거나 확장될 것이다. 이런 발전이 일정한 정도에 이르면 어떤 일이 발생할까?

오늘날 타이완이 직면한 문제와 유사한 일이 일어날 것이다. 교육에 투자가 지나쳐 자원 낭비를 유발하고 오히려 교육을 망치는 결과를 낳는 것이다. 젊은이는 교육받을 수 있는 기회를 소중히 여길 줄 모르고 교육 업무에 종사하는 사람도 교육의 질적 향상을 추구하지 않는다. 십 년 넘도록 교육을 받은 사람이 실질적으로는 아무것도 배우지 못하고 사회와 직장의 요구에 제대로 부응하지 못한다. 이리하여 보다 큰 동기가 교육 기관 안에 숨어 버려 졸업도 하지 않고 취업도 하지 못하면서 반대로 사회의 인력 자원에 심각한 결핍을 가져온다.

변증법적 순환을 따라 위로 발전하는 역사

물론 헤겔의 영향은 변증법으로 그치지 않았다. 변증법 위에 헤겔은 일련의 변화의 목적을 제시했다. 변화는 법칙이 있되 절대로 맹목적이어선 안 된다는 것이다. 더 원대한 안목으로 보자면, 헤겔은 우리에게 변화에는 방향과 목적이 있어야 함을 말해 주고 있다.

변화의 근원은 일정한 힘이자 신비한 동력이다. 헤겔은 이를 '정신' 혹은 '초월적 정신'이라고 부른다. 우리는 이 '정신' 혹은 '초월적 정신'이 신의 화신임을 쉽게 알 수 있다. 논리적으로 '정신'은 신과 마찬가지로 우리가 현실에서 끊임없이 추구하는 원인, 더 이상 소급되지 않는 '최초의 원인'이다. 우주의 인과 관계는 여기에서 시작하지만 그 자체에는 결과만 있고 원인은 없다. '최초의 원인'에는 그것으로부터 나오는 결과는 있고 그것을 만들어 낸 원인은 없어야만 세계의 인과 관계에 대한 우리의 역탐색을 끝낼 수 있다.

헤겔이 이를 '정신'이라 부른 것은 신이 인간의 마음속에 형성시킨 의지를 지닌 인격신의 관념과 수천 년에 걸친 신학의 굴레에서 벗어나기 위함이었다. '정신'은 순전히 추상적인 것이긴 하지만 신과 마찬가지로 우연하거나 맹목적인 힘은 아니다. 역사 변화에 대해 내린 결론으로 돌아가 헤겔은 보통 사람이 '신'의 마음에 이 세계의 완벽한 설계와 청사진이 들어 있다고 상상하는 것처럼, '정신'에 자체의 목적이 있음을 확증할 수 있다고 주장했다. '신'은 세상을 창조했다. 하지만 어떻게 창조한 것일까? 단번에 완벽한 세계를 창조하고 더 이상 손대지 않은 채 그대로 놓아둔 것은 아닌 것이 분명하다.

그 설계 혹은 청사진이 완벽할 수 있는 것은 그것이 절대 '정신', 절대지絶對知 속에 있기 때문이다. 하지만 절대 '정신'과 절대지는 '객관화'와 '물화'를 거쳐야만 진정한 세계가 될 수 있다. '객관화'와 '물화'는 헤겔 철학에서 마르크스 사상에 이르는 가장 중요한 키워드다. 원래 절대 '정신'에 내재되어 있고, 절대 '정신'과 하나로 합쳐진 완벽한 설계의 실현은 반드시 '정신'의 외부에 있는 객관적 존재여야 한다. 물질성을 부여받아야만 세계는 비로소 주관적이고 추상적인 설계에서 구체적인 존재로 변화할 수 있다.

하지만 관념 혹은 설계는 일단 '객관화'되고 '물화'되면 더 이상 관념이나 설계가 아니며 더 이상 완벽할 수도 없다. 다시 말해서 일단 객관적 존재가 되고 구체적 존재가 된다는 것은 앞서 존재한 원래의 절대 '정신'이 '타락'한다는 것과 같다. 완전에서 불완전으로 변화하는 것이다. 이러한 '타락'을 피하려면 그 완전성은 관념이 되어 '정신' 안에 존재하는 수밖에 없다. 그러나 '타락'을 받아들이고 불완전을 참거나 불완전과 섞여야만 '정신'으로부터 멀어져 구체적인 물질세계가 될 수 있다.

이러한 이론은 토마스 아퀴나스*의 신학에서 발견할 수 있으며 과거로 더 거슬러 올라가면 플라톤의 철학에서 그 연원을 찾을 수 있다. 현실은 신의 정신 속 표상의 불완전한 투영이다. 현실은 단지 '이데아'**의 불완전한 투사일 뿐이라고 말할 수 있다. 하지만 헤겔은 여기서 멈추지 않았다. 헤겔 철학의 핵심은 현실과 '정신' 사이에 있는 거리를 지적하거

---

* 성 토마스 아퀴나스(St. Thomas Aquinas, 1225?~1274)는 중세의 철학자이자 신학자로 자연신학을 최초로 제창한 사람 가운데 하나이며 토마스학파의 창시자다. 가톨릭교에서는 그를 가장 위대한 신학자로 평가하면서 33명의 성자 가운데 하나로 꼽고 있다. 저서로 『신학대전』과 『대이교도대전』(Summa Contra Gentiles)이 있다.
** 이데아론은 플라톤의 가장 유명한 이론 가운데 하나다. 세상 만물의 성질 가운데 가장 순수하고 완전한 형식을 가리킨다. 플라톤은 인간의 감각 기관이 볼 수 있는 사물은 진실이 아니라 단지 일종의 표상, 즉 완전한 이데아의 투사에 지나지 않는다고 생각했다.

나 현실은 '정신'의 불완전한 실현일 뿐이라는 점을 밝히는 게 아니라, 한 걸음 더 나아가 이러한 관념에 역동성과 과정성을 부여함으로써 변화의 유래를 해석하고 아울러 변화에는 방향이 있다는 사실을 논증하는 데에 있다.

절대 '정신'에 내재하면 모든 것이 완전하지만 '객관화'되고 '물화'되는 과정에서 결함을 가져올 수 있고 그로 인해 좋음과 나쁨의 구별이 생긴다. 일단 좋음과 나쁨의 구별이 생기면 물질세계도 앞서 말한 변증법의 범주에 들어서면서 '정립-반정립-종합'의 변화를 시작해, 양에서 질로의 변화와 긍정적인 면에서 부정적인 면으로의 변화를 거쳐 다시 '정립'과 '반정립'의 결합으로 더 높은 단계의 '정립'을 만들어내게 된다.

세계는 이처럼 '변증'의 순환을 통해 더 나은 쪽으로 발전한다. 이것이 바로 시간이고 역사다. 이 때문에 역사는 추상적인 각도에서 볼 때, 절대 '정신'의 자기 전진이라고 할 수 있다. '정신'이 타락한 결과 결함을 가진 구체적인 세계가 생겨나며, 이 세계는 '변증'의 순환을 하며 한 걸음 한 걸음 절대 '정신'을 향해 돌아간다. 헤겔 철학에 따르면 역사는 절대 '정신'의 타락에서 시작되어 현실에서 종결되었다가 다시 절대 '정신'과 하나로 합쳐진다. 이것이 역사의 방향이요 의미다.

역사에는 시작과 끝이 있다는 것이 헤겔 철학의 중요한 주장이다. 역사의 모든 단계, 심지어 모든 사건을 우리는 두 가지 관점으로 추론할 수 있다. 이 단계, 이 사건이 역사의 시작, 즉 '정신'의 원초적 타락으로부터 얼마나 멀리 떨어져 있는지를 헤아리는 관점과 이 단계, 이 사건이 역사의 종결 지점, 즉 현실이 다시 한 번 '정신'과 만나는 지점으로부터 얼마나 떨어져 있는지를 따지는 관점이다. 역사는 이 두 극단 사이에 있다.

베를린 장벽이 무너지고 소련이 와해된 이후 미국에서 출판된 한 권의 책이 전 세계에 뜨거운 논쟁을 일으켰다. 다름 아닌 일본계 미국인 학자 프랜시스 후쿠야마가 쓴 『역사의 종말』이다. 책 제목에서 알 수 있듯이 후쿠야마의 논증은 헤겔 철학에 기초한다. 그는 민주주의와 시장, 개인의 자유를 인류의 궁극적인 이상으로 여겼다. 그리하여 냉전이 끝나고 공산주의 집권이 와해된 후, 미국이 대표하는 민주주의와 시장, 개인의 자유라는 가치가 보편 기준이 되어 '역사의 종말'이 왔다는 것이다. 이처럼 헤겔 철학을 기초로 하는 책이 베스트셀러가 됐다는 사실은 정말로 상상조차 어려울 정도로 이상한 일이다. 이 책을 둘러싸고 끊이지 않았던 논쟁은 대부분 글을 써서 먹고사는 사람들의 주관적인 생각에 머물렀을 뿐, 견해를 교류하고 쌓았다고 말하기는 어렵다.

황당하고 어리석은 '소외'

헤겔은 마르크스의 중요한 철학적 배경이다. 헤겔의 변증법과 역사철학은 둘 다 마르크스에게 거대한 영향을 미쳤다. 하지만 마르크스는 자신과 헤겔의 기본 차이를 분명히 밝힌 바 있다. 마르크스는 헤겔 철학의 위와 아래를 뒤집었다. 마르크스는 헤겔 철학이 머리가 아래에 있고 발이 위에 있는 격이라 머리가 위에 있고 발이 아래에 있는 원래의 자리로 되돌려야 한다고 생각했다.

이 말은 무슨 의미일까? 헤겔 철학의 시작점은 '초월적 정신'이다. 먼저 '초월적 정신'이 있어야 타락이 있고 현실 세계가 있을 수 있다. 세계는 '초월적 정신'의 물화, 객관화이다. 마르크스는 이러한 기원 관계를 전도시켜 '초월적 정신'과 '신'이 인간 이상理想의 투영에 지나지 않는다고 주장했다. 헤겔은 세계가 '정신'의 물화라고 말하는 반면 마르크스는 '정신' 혹은 '신'이 인간의 이상화라고 말하는 셈이다.

마르크스는 헤겔 이론의 시작점을 받아들이지 않았다.

먼저 절대적이고 초월적인 '정신'이 있다고 할 때, 이 '정신'은 자기를 실현하기 위해 현실로 전개되며 이로 인해 모든 변화가 시작된다. 그러나 마르크스는 이것이 신화에 불과하다고 보았다. 마르크스는 순수한 인간의 시각에서 역사의 변화란 추상적이고 논리로만 가정할 수 있을 뿐 손으로 잡을 수 없는 '정신'에서 시작되는 것이 아니라 실천을 통해 얻은 진실성의 충동이 전개된 시험이자 투쟁이라고 간주했다.

헤겔의 '정신'은 선험적 존재*로서 이론으로만 추론할 수 있는 것이지 우리가 경험으로 파악할 수 있는 것이 아니다. 마르크스는 이런 논점을 받아들이지 않았다. 그는 진정으로 존재하는 것은 인간, 즉 현실에 존재하지 않고 실현할 수 없는 것을 사유하고 상상하는 인간이라고 보았다. 다시 말해, 이 모든 것의 기원은 자신의 삶을 초월해 자기의 존재보다 높은 사물을 상상해 내는 인간의 독특한 능력에서 온다. 인간은 이러한 능력으로 '신'을 만들어 냈고, 이러한 능력으로 이상적인 존재와 이상적인 감정을 만들어 현실에 존재하지 않는 자질과 특성을 '신' 또는 헤겔이 말한 '정신'에 투영했다.

이들 사물은 인간의 머릿속에만 나타날 뿐 현실의 삶에

---

* 칸트는 지식을 선험적인 것과 후험적인 것 두 가지로 분류했다. 일반적으로 감각 기관과 지각을 통해 얻는 지각 지식 그리고 관찰과 실험 등의 방법을 통해 확립된 과학 지식은 모두 후험적 지식에 속한다. 수학이나 논리 등은 선험적 지식에 속하고 형이상학도 선험적 지식에 속한다.

는 나타나지 않는다. 그리하여 이처럼 상상한 자질과 특성을 실현하고자 하는 바람이 생겼다. 예컨대 '신은 세상의 모든 인간을 사랑한다.'라는 말은 우리가 철저하고 보편적인 사랑, 모든 사람과 모든 영혼에 대한 평등한 보살핌과 평등한 사랑을 상상할 수 있기에 만들어진 것이다. 그러나 우리는 이러한 사랑을 현실에서 찾을 방법이 없고 그저 가정을 통해 더 높은 존재인 '신'에 두는 수밖에 없지만 이러한 상상이 지향하는 것은 진실이다. 심지어 이 상상은 현실 밖에서 인간의 진실성을 결정하기도 한다. 우리에게는 철저하고 보편적인 사랑을 실현할 능력이 없지만 그 사랑이 우리의 현실 생활보다 더 아름다우며 추구할 만한 가치도 더 크다고 확실하게 평가할 만큼의 충분한 사유와 반성의 능력이 있다. 이런 이상에 비하면 우리가 현재 겪는 현실 생활은 상대적으로 열등할 수밖에 없다. 우리는 이처럼 상대적으로 열등한 생활에서 벗어나 더 나은 이상적 삶을 살 수 있도록 노력해야 한다. 이에 따라 현실적이지 않은 그 이상은 반대로 현실보다 더 진실한 것으로 변해 현실을 비판하고 평가하는 기준이 된다.

동물과 비교했을 때 인간의 가장 특별한 능력은 현실보다 아름답고 진실한 삶을 상상할 수 있다는 것이다. 개나 고양이는 꿈을 꾸지 못하지만 인간은 할 수 있다. 인간이 이러한 꿈을 투사한 것이 '신'이고 '정신'이다. 인간이 꿈을 현실로 바꿀 때 헤겔이 말하는 전개와 변화가 일어난다. 하지만 이것은 '신' 또는 '정신'의 오묘한 섭리가 아니라 인간의 꿈과 실천이 만든 더 진실한 삶의 전개와 변화다.

'신'과 '정신'은 모두 인간의 창조물이다. 이것이 헤겔 철학에 대한 마르크스의 극적인 전도다. 인간은 자신이 마땅히 갖고 있어야 하는데도 현실에서는 갖지 못한 가장 아름다운 성질을 '신'에게 투영했다. 이 때문에 '신'의 진정한 모습은 '가장 진실한 인간'이 된다. '신'은 인간 삶의 가장 순수하고 이상적이며 진실한 상태를 체현한다.

'신'은 원래 인간과 인간의 이상과 인간의 추구를 대표한다. 다시 말해 '신'이 존재하는 목적은 인간을 '신'으로 만드는 것, 인간을 '신'처럼 순수하고 진실하게 변화시키는 것이다. 하지만 인류의 경험 속에서 '신'은 '소외'되고 말았다. 인간은 진실한 인간을 나타내는 '신'을 창조하여 이를 숭배 대상으로 삼았을 뿐 아니라, 철저하고 절대적으로 인간과 분리시켰다. 인간은 오로지 '신'을 숭배하고 더 나아가 맹목적으로 '신'의 뜻에 복종할 수 있을 뿐이다. 이로써 인간 스스로 창조한 '신'은 '소외'되어 또 다른 존재, 인간을 주재하는 존재가 되었다. '신'을 창조한 이상 본질적으로 인간이 '신'

의 주인이 되어야 했지만 '소외'를 통해 위치가 완전히 뒤바꾸었고, 인간은 자발적으로 '신'의 노예가 되고 말았다.

이것이 바로 마르크스가 말하는 '소외'다. '신'은 원래 인간의 이상이 투영되어 만들어졌지만 아주 높은 곳에 있는 존재로 형상화되면서 인간과 절대적인 지위 차이가 생겼다. 인간은 신을 숭배할 수 있을 뿐 신이 되지는 못한다. 인간이 신이 될 수 있는 기회는 이미 신에 의해 완전히 사라져 버렸다. 이 얼마나 부조리한 일인가? 이 얼마나 어리석은 일인가? 원래 목적을 달성하려고 설계한 수단이 목적 자체가 되어 우리가 목적을 달성할 수 있는 가능성을 없애 버린 꼴이 되었으니 말이다.

형식과 내용이 완전하게 합치하는 '실질'로의 회귀

마르크스는 우리에게 인간의 부조리와 어리석음을 일깨운다. 이런 부조리와 어리석음은 인간과 신 사이에서만 일어나지 않는다. '신'의 사례가 생기면서 '소외'라는 관념도 수립되었다. 우리는 역사에서, 생활 주변에서, 너무나 쉽게 수많은 유형의 '소외' 현상을 목격한다. 여기에는 국가도 포함되고, 자본도 물론 포함된다.

우리는 철학의 각도에서 마르크스의 철학적 관심과 입장으로 돌아가 마르크스와 헤겔의 관계를 살펴야만 마르크스의 기본 신념을 파악할 수 있다. 그의 기본 신념이란 인간의 진실성에 대한 변함없는 관심이며, 이는 그의 사회 분석 및 역사 해석의 판단 기준이었다. 어떤 사회가 좋은 사회인가? 사람이 '소외'에서 벗어나 자기 자신의 주인이 되어 '진실한' 삶을 추구하고 실천할 수 있게 해 주는 사회일 것이다. 역사는 어떻게 보아야 하는가? 각 역사 단계에서 인간이 얼마나 '진실'했는지, 얼마나 '소외'의 역량에 견제당했는지 유익하고 효과적인 방식으로 관찰하고 판단해야 한다.

이것이 마르크스의 가장 기본적인 판단 기준이다. 자본과 자본주의에 대한 마르크스의 비판을 이해하고자 할 때, 이러한 판단 기준을 마음에 두지 않는다면 우리는 너무나 쉽게 오늘날 선입관을 위주로 하는, 이미 자본주의에 동화된 상식으로, 마르크스가 자본주의의 나쁜 점을 지나치게 과장하고 있다고 생각할 것이다. 마르크스는 한 가지 명확한 판단 기준에 따라 자본주의를 비판했다. 다름 아닌 인간의 '진실성'이다. 인간은 완전히 '소외'당하지 않고 자기의 진실한 삶을 살아갈 수 있다는 것이 그의 한결같은 믿음이었다.

따라서 마르크스를 읽으면서 우리는 끊임없이 자신을

향해 '나는 삶 속에서 얼마나 자유로운가? 얼마나 많은 요소와 힘이 나를 구속하여 내가 되고자 하는 사람이 될 수 없게 만들고, 심지어 내가 어떤 사람이 될 수 있는지 상상조차 할 수 없게 만드는가? 이러한 구속의 외부에 더 바람직하고 이상적이며 자유롭고 공평하며 정의로운 삶이 존재하는가? 그런 삶과 내가 현재 살고 있는 삶 사이에 어떤 차이가 있는가? 현실의 삶과 더 바람직하고 이상적이며 자유롭고 공평하며 정의로운 삶 사이에 어떤 거리가 있는가? 내게 무엇이 부족하고 필요한 것은 무엇인가?' 하는 철학적 질문을 던져야 한다.

마르크스는 언제나 마음속에 이런 문제의식을 갖고 있었기에 그런 눈으로 세계를 바라보고 비판 이론을 발전시킬 수 있었다. 마르크스를 부정하는 통속적인 논의를 보면, 그가 뜻을 얻지 못한 사람이자 아주 가난한 수재로서 스스로 재주를 가지고도 때를 만나지 못했다고 여겼기 때문에 이 현실 세계의 모든 것에 불만을 품었다고 평가한다. 사실 마르크스의 비판은 인간의 '진실성'에 대한 존중과 견지에서 비롯된, 대단히 분명하면서도 독특한 철학 신념에서 나온 것이다.

인간의 '진실성'이란 인간이 영위하는 삶이 자아의 잠재 능력과 하나로 합치되어 별도로 다른 외부 기준에 맞춘 자아를 만들거나 그것으로 외부의 기준에 맞출 필요가 없는 상태이며, 이런 인간이 '진정한 인간'이다. 헤겔식 철학 용어로 말하자면 인간의 형식과 내용이 완전하게 하나로 합치된 상태다.

개인에게 내재된 좋고 아름다운 모든 자질이 자신의 몸에 실제로 실현되는 것이기도 하다. 개인의 이상이 그의 현실이 되고, 그의 현실이 곧 그의 이상이 되며 형식과 내용이 철저하게 일치하는 것이다. 마르크스는 이와 같은 철학적 입장에서 민주民主를 해석한다. 민주와 왕권에 어떤 차이가 있는가? 이 문제에 대해 마르크스는 아주 분명하게 말한다. 정치에서 민주의 위치는 절대적이고 독특하다. 즉 민주는 형식과 내용이 일치한다. 민주 제도에서는 모든 개인이 내리는 개별 결정이 동시에 사회 전체의 결정이 된다. 이에 반해 군주의 왕권은 그 사회에 속한 개인이 내린 결정이 군주의 결정에 굴복해야 한다. 사회는 인민이 조직하지만 사회의 현실은 인민이 결정하지 못해, 형식과 내용 사이에 거대한 차이를 드러낸다.

이러한 기준에 따르면 공화 정치의 의회 제도도 형식과 내용의 합일을 이루지 못한다. 사회 구성원의 사유와 결정은 반드시 의원의 해석과 입법을 통해서만 사회에서 현실이 될 수 있고, 이 사이에 필연적으로 차이와 거리가 존재하기 때문이다. 진정으로 이상적인 민주 정체政體는 인민의 사유와 결정의 총화가 사회의 현실이 될 수 있는 형태여야 한다. 국왕은 인민을 위해 법률을 제정한다고 공언하지만 이는 절대로 모든 개인의 진정한 필요와 일치할 수 없고, 그 법률이 설정한 형식은 실현된 내용과 부합할 수 없다.

마르크스는 이렇게 정체를 비판한 데 이어서 같은 개념으로 인생을 평가하고 판단했다. 이는 철학적 개념으로만 이해할 수 있는 기준으로, 오늘날 우리에게 익숙한 구체적인 조건, 예컨대 2천만 달러를 보유한다든지 보수는 많고 일은 적으며 집에서 가까운 일자리를 찾는 등의 구체적인 사례로는 설명할 방법이 없다. 마르크스가 요구한 것은 이처럼 구체적인 조건으로 구성된 생활이 아니라 인간이 자아를 실현할 수 있는 자유롭고 '진실한' 삶이다.

마르크스가 관심을 갖는 것은 군중이 조직한 사회가 어떻게 사람들을 '진실하게' 살아갈 수 있게 하느냐 하는 문제다. 이 때문에 그는 어떤 사회 요소 혹은 힘이 사람의 '진실한' 삶을 저해하는지를 가장 열심히 분석했다. 그는 왜 자본주의를 죽도록 미워했던 것일까? 왜 그토록 비판적인 필치로 그 두꺼운 『자본론』을 썼던 것일까? 그의 철학적 시각에서는 자본과 자본주의가 인간과 '진실' 사이에 가로놓인 가장 커다란 장애였기 때문이다.

물론 자본은 인위의 산물이다. 사유 재산제의 발전으로 생겨난 자본은 원래 인류가 아름다운 삶을 추구하기 위해 사용하는 도구였다. 그러나 나중에는 이 도구가 갈수록 커지고 강해져서 눈 깜짝할 사이에 인간을 위협하고 납치하고 심지어 집어삼키는 괴수가 되고 말았다. 마르크스가 『자본론』을 쓰게 된 의도 역시 우리로 하여금 이 괴수의 일그러진 모습을 분명히 보게 하는 한편, 이 괴수가 결국 어떻게 만들어진 것인지를 정확히 밝히는 데 있다.

『자본론』은 경제학서이자 정치경제학서인 동시에 정치경제 비판서이기도 하다. 마르크스는 이 책에서 자본을 설명하고 분석하면서, 자본을 비판하고 이 괴수를 없앨 방법을 내놓는다. 이 세 가지는 텍스트 안에서 긴밀히 결합되어 있어 분리가 불가능하다. 이것이 『자본론』의 핵심 정신이자 이 핵심 정신으로부터 발전되어 나온 특수한 이론이다.

'실낙원'의 속죄의 길을 다시 걷다

마르크스의 사상은 깊고 두터운 철학의 배경이 있기에 가치가 크게 요동치는 시대에
도 여전히 고찰하고 검증할 만하다. 경제와 정치의 분석에 착수하기 전에 마르크스
는 먼저 이상적인 인류의 상태를 가정하여 이를 모든 목표의 종점으로 설정한 동시
에 분석과 토론의 척도로 삼아 인류가 어떻게 이 공평하고 정의로운 목표를 향해 전
진할 수 있을지 집요하게 사유했다.

장인에서 노동자로, 점포에서 공장으로

마르크스의 『자본론』은 인간과 인간이 만든 사물의 관계에서 출발한다. 인간은 원래 주인 혹은 창조자의 신분으로 자신이 만든 사물과 관계를 맺어 왔다. 하지만 19세기 영국에서 이러한 관계에 거대한 변화가 발생했다.

변화는 공장 제도에서 시작되었다. 노동자가 원래의 장인을 대체했다. 기존의 장인 전통은 수많은 단순 상식과 이치로 둘러싸여 있었지만, 일단 노동자와 공장이 생긴 뒤로는 설 자리를 잃었다.

장인 전통에서 대장장이 한 사람이 세 시간을 들여 도끼 하나를 만들고 한 시간을 들여 망치 하나를 만들었다면 당연히 도끼가 망치보다 비싸야 한다. 또한 대장장이 한 사람이 세 개의 도끼를 만들어 얻을 수 있는 수입은 도끼 하나를 만들어 얻을 수 있는 수입의 세 배가 되어야 한다. 하지만 이처럼 당연한 계산이 공장 제도에서는 더 이상 적용되지 않는다. 공장 제도의 핵심 요소는 임금이다. 노동자 신분의 중요한 특징 가운데 하나는 바로 임금을 받는다는 점이다.

전통 사회에는 직인職人이라는 계층이 있었다. 이들의 수입은 임금과 유사했다. 그러나 이는 그들에게 고정된 점포가 없어서 동업 조합인 길드에 참여하지 못하고 점포를 소유한 장인을 도와 일을 했기 때문이다. 전통 사회에서 직인은 비정상적이고 불행한 사람, 정상적인 작업 관계에서 벗어난 사람으로 간주되었다. 그들은 열심히 노력하여 직인의 상태에서 벗어나 길드에서 활동하는 정상적인 장인이 되고자 했다.

하지만 공장 제도에서는 임금 관계가 정상으로 간주되었다. 정상 궤도에서 이탈한 예외 상태가 공장 제도에서는 보편화된 것이다. 이리하여 기존의 장인 제도에서는 이해하기 어려운 상황이 발생했다. 예컨대 노동자 한 사람이 공장에서 많이 혹은 적게 생산해도 임금은 똑같다. 애덤 스미스가 『국부론』에서 들었던 예를 다시 보자. 원래는 한 공장에서 각 노동자가 사흘의 시간을 들여 바늘 하나를 만들 수 있었다. 하지만 공장 주인이 새로운 지식을 익힌 뒤로는 한 노동자가 바늘을 만드는 공정을 처음부터 끝까지 담당하지 않고, 공정을 여러 단계로 나누어 노동자 한 사람이 그 가운데 한 공정을 각각 책임지게 했다. 이러한 분업으로 생산성이 높아지면서 노동자 세 사람이 합작하여 하루에 세 개의 바늘을 만들 수 있게 되었다. 결과를 놓고 말하면 원래 세 사람이 사흘에 바늘 세 개를 만들 수 있던 것이 이제는 하루에 세 개를 생산할 수 있게 된 셈이다. 이상한 것은 생산 결과가 세 배로 증가했는데도 노동자가 받는 임금은 절대로 세 배로 증가하지 않는다는 점이다. 모든 노동자의 일하는 시간은 전과 다름없기 때문에 여전히 원래의 임금이 지급될 가능성이 더 높다.

작업 공정을 한 걸음 더 발전시키고 기계를 도입하면 세 명의 노동자가 하루에 아홉 개의 바늘을 생산할 수 있을지도 모른다. 그에 따라 생산 결과는 또 세 배로 증가하겠지만 임금은 어떨까? 원래의 임금과 다르지 않을 것이다. 이러한 차이를 기존의 장인 제도에서는 이해할 방법이 없다. 사흘에 바늘 한 개를 만들고 받던 임금이 하루에 세 개의 바늘을 만들고 받는 임금과 같은 것이다. 생산의 결과는 분명히 이전과 다른 이윤을 가져다주었고 이 바늘들도 분명히 노동자가 노동한 결과인데, 더 많아진 이윤은 노동자와 무관하다. 이 여덟 배나 차이가 나는 이윤은 대체 전부 이디로 가는 것일까?

더 이상한 일이 생기기도 한다. 사흘에 바늘 한 개를 만들던 노동자가 나중에 하루에 세 개의 바늘을 만들게 되었는데 공장 주인은 그렇게 많은 바늘을 만들어도 구매하는 사람이 없으므로 노동자의 임금을 깎는 수밖에 없다고 말한다. 생산량은 증가했는데 수입은 오히려 줄어드는 것이다! 이런 상황을 어떤 노동자가 이해하고 받아들일 수 있겠는가?

공장 제도가 등장하자 장인은 임금을 받는 노동자가 되고 말았지만 원래 지녔던 전통 장인의 가치관을 그렇게 빨리 잊을 수 없었다. 장인에서 노동자가 되는 과정에서 일어난 일들에 수많은 사람이 곤혹감을 감추지 못했고 이에 자극을 받아 서로 다른 각도에서 다양한 해석을 내놓았다.

마르크스도 이 문제에 대해 중요한 해석을 내놓은 사람 가운데 하나였다.

선동가인가 사상의 거인인가?

성실하고 근면한 성격의 소유자였던 마르크스는 긴 시간 동안 대영 박물관 도서실에서 독서를 했다. 그는 많은 책을 읽는 데 그치지 않고 열심히 사유하고 이를 토대로 끊임없이 글을 썼다. 그가 쓴 글 가운데 아주 많은 수가 생전에 발표되지 않았다. 마르크스가 살아 있을 당시 그에 대한 유럽 사회의 인식은 그가 세상을 떠난 뒤와 사뭇 달랐다. 당시 사람들은 주로 상대적으로 짧은 저작물 한 편으로 그에게 깊은 인상을 받았다. 다름 아닌 『공산당 선언』이다.

물론 『공산당 선언』은 대단히 중요한 역사 문헌이다. 그 중요성은 텍스트에서 무엇을 말했느냐에 국한되는 것이 아니라 그 내용을 서술한 방식으로까지 확대된다. 『공산당 선언』 발표 150주년을 기념하는 시점에 이탈리아의 유명 작가이자 학자인 움베르토 에코는 특별히 「『공산당 선언』의 문체에 대해」라는 글을 발표했다. 이 글에서 그는 우리에게 마르크스의 영향력 가운데 일부는 그의 문체에서 나온다는 사실을 일깨워 준다. 그의 필치는 노골적이고 대단히 자신감 넘치는 어투로 독자에게 겉으로 드러난 현상의 갖가지 문제점을 들춰내면서 그 배후에 감춰진 진실을 지적했다. 어떤 의

혹과 토론도 없이 그는 역사에서 명확한 이치와 질서를 발견했던 것이다.

수많은 사람이 마르크스의 이러한 문체에 매료되고 감동해 그의 신도가 되었다. 물론 적지 않은 사람이 마르크스의 문체에 분노하면서 자기 멋대로 지껄여 대는 선동가라고 그를 비판하기도 했다. 하지만 한때 좌파 지식인이었던 언어기호학자 에코는 마르크스가 사상의 거인이 될 수 있었던 가장 중요한 원인이 비범한 문체라는 사실을 예리하게 지적했다.

『공산당 선언』은 이렇게 시작된다. "하나의 유령이 유럽을 떠돌고 있다." '유령'이라는 의심스러운 단어가 단번에 독자를 사로잡는다. 이어서 마르크스는 웅변하는 어투로 우리에게 '유령'이 무엇인지 설명한다. 이처럼 강하고 힘 있는 문체로 『공산당 선언』은 아주 짧은 시간에 많은 사람의 마음을 뒤흔들었고 그들에게 진리와 역사의 법칙과 방향을 보았다고 느끼게 했다.

물론 『공산당 선언』은 중요한 역사 문헌으로서 그 중요성은 문체와 밀접한 관계를 갖고 있다. 하지만 『공산당 선언』의 문체는 전혀 마르크스답지 않다. 마르크스는 엥겔스와 함께 이 글을 쓰면서 그의 다른 저작에서는 찾아보기 힘든 직접적이고 간결한 문체를 구사하고 있다. 철학성의 결핍이라 해도 무방할 것이다. 『공산당 선언』에 비해 『자본론』은 훨씬 더 복잡하고 난삽하며 애매하다. 『자본론』의 글은 절대로 깔끔하거나 투명하지 않다. 모든 글자의 배후에 아주 길어서 말로 다하기 어려운 또 다른 철학의 전제와 이론이 감춰져 있는 것 같고, 모든 구절이 의미의 심연에서 억지로 낚여 올라온 것 같다.

마르크스의 평소 글쓰기 방식은 『자본론』에 가깝다. 그러한 문체는 그의 사유 방식에서 유래한다. 그는 한 가지 일을 사고할 때 반드시 주요 명사와 개념을 세 마디 말로 측정하고 해석한다. 그런 다음 이 세 마디 말에서 측정과 해석이 필요한 또 다른 세 개의 명사와 개념을 끌어낸다. 마르크스는 그가 받은 철학 훈련 덕분에 어떠한 명사나 개념도 얼렁뚱땅 문장 속으로 섞여 들어가지 못하게 할 수 있었다.

『공산당 선언』은 예외로서 특수한 조건에서 나온 우연한 산물이다. 펜을 들기 전에 이를 하나의 '선언'으로 단정하여 결론만 밝히고 중간의 추론 과정은 나열하지 않았던 것이다. 또한 소책자 형태의 판형과 분량 등이 미리 정해져 있었기 때문에 마르크스가 습관적으로 언급하던 많은 것이 생략되었다.

자신의 생각을 억지로 팸플릿의 형식에 담아 써냈지만 그 내용은 놀랍게도 엄청난 영향력을 발휘했고, 동시에 뜻밖에도 마르크스의 특별한 이미지를 만들었다. 수많은 사람이 1848년에 출판된 『공산당 선언』을 통해 마르크스를 알게 되었고 행동과 사상을 마르크스와 엥겔스에게 집중시켰다. 『공산당 선언』을 통해 그들이 만날 수 있었던 것은 선동적인 힘으로 가득하고 사람들의 마음을 고무하는 데 능한 행동하는 지도자였다.

확실히 『공산당 선언』은 철두철미한 행동 강령이다. 이 글은 역사가 일정한 법칙에 따라 순환하고 있는 만큼, 과거의 발전 궤적을 통해 역사의 발전 방향을 확인할 수 있다고 주장한다. 이어서 역사는 필연적으로 노동자 계급과 자본가 계급이 죽음을 불사하며 결전을 벌이는 시대로 접어들 것이며, 노동자가 반드시 승리를 거둘 것이라고 말한다. 노동자가 실패한다면 이는 역사가 지연됨을 의미한다. 그러므로 우리 모두는 떨쳐 일어나 피땀 어린 노력과 분투로 용감하게 다음 단계 역사의 순조로운 도래를 앞당겨야 한다.

이는 격려인 동시에 위협이었다. 노동자에게는 세계를 다음 단계로 진입시켜 사회의 주인이 될 수 있는 기회가 있다. 하지만 분투하고 노력하지 않는다면 현 단계의 역사가 지연될 것이고 그로 인해 가장 큰 고통을 받는 것은 노동자 자신이 될 것이다. 노동자는 자신들의 시대에 자신을 스스로 구제하여 천당에 들어갈 수 있는 기회를 가진 만큼, 최후의 심판을 기다릴 필요도 없고 예수가 죄를 사해 주기를 기도할 필요도 없다. 그러나 자신을 천국으로 이끌 방법을 찾지 않는다면 계속 지옥에 남아 고통을 감내해야 한다. 지옥과 천국의 절대적 차이 앞에서 노동자가 해야 할 선택은 자명하다.

『공산당 선언』에 고무된 노동자는 이 글의 예언을 받아들이고 자연히 『공산당 선언』의 저자가 운동의 중책을 맡기를 기대했다. 하지만 마르크스는 군중 속으로 들어가 군중을 조직하고 군중의 입장을 대변하며 군중을 전투로 이끌기에 적합한 인물이 아니었다. 이 부분에서는 그의 친구 엥겔스가 오히려 그보다 경험도 많고 어울렸다. 적어도 엥겔스는 공장을 관리해 본 경험이 있었기 때문이다.

중국 옛사람들이 남긴 격언 가운데 "집안도 제대로 다스리지 못하면서 어떻게 천하를 다스리겠는가?"라는 말이 있다. 마르크스는 정말로 집안일조차 제대로 관리해 본 적이 없고 인간관계에서도 이렇다 할 성취가 없었다. 그는 주로 독서와 사유에 집중했다. 사회와의 가장 직접적이고 친밀한 경험이라고 해 봤자 기자로서의 경력이 전부였다. 이런 사람이 뜻밖에도 역사와 사회에 대한 사유로 인해, 『공산당 선언』으로 인해 단번에 군중 운동의 최전선에 서게 된 것이다.

『공산당 선언』을 발표한 뒤로 마르크스 인생의 후반부는 악전惡戰의 연속이었다. 공산당을 조직하고 '제3인터내셔널'을 운영하며 독일 사회민주당 및 영국 노동 운동과 연계했고, 그사이에 복잡한 인간관계에 얽히게 되었다. 이는 그의 사교 능력을 한참이나 뛰어넘는 수준이었다. 그에게는 이 모든 것이 시간과 정력을 크게 소모시키는 일이었다. 이로 인해 그의 사유와 글쓰기가 완전히 중단되지는 않았지만 아무래도 그의 사유와 글쓰기 방식에 커다란 영향을 미치면서 그에게 적지 않은 혼란을 가져다주었다.

'마르크스는 하나인데 서술은 제각각'

『자본론』은 원래 완전한 체계를 갖춘 저작이 될 수 있었다. 오늘날 우리가 읽을 수 있는 『자본론』은 총 3권이지만 그 가운데 제1권만 마르크스가 친필로 완성한 것이고 나머지 두 권은 나중에 엥겔스가 마르크스의 필기를 정리한 것이다.

마르크스의 사상은 극도로 치밀했으며 글쓰기는 대단

히 엄정하고 성실했다. 『자본론』 제1권을 쓰면서 그가 선택한 방식은 노동과 가치의 관계에 관한 가설에서 논술을 시작하는 것이었다. 한 가지 물건이 원료에서 상품으로 변화하는 과정은 주로 노동자의 노동에 의존한다. 이 때문에 상품의 가치에서 원료 가치를 제하면 노동 가치를 산출할 수 있다. 마르크스는 이 가설을 단초로 삼아 '상품'에 대한 자신의 사유와 해석을 서술했다.

『자본론』 제1권은 대부분 '노동 가치'에 대한 탐색과 평론에 집중되어 있다. 우리가 흔히 듣는 마르크스의 경제학 이론에 대한 비판은 대부분 그의 '노동 가치설'을 겨냥한다. 비판자들은 상품의 가치가 완전히 '노동 가치'에서 오는 게 아니라고 주장한다. 생산에는 노동 가치 외에도 다양한 요소가 섞여 있는데 마르크스는 이런 다양한 요소를 무시하고 원료 가치와 상품 가치의 차이가 전부 노동 가치에서 온다고 주장하는 탓에 그의 경제 분석은 정확할 수 없다는 것이다.

하지만 핵심은 이처럼 집중 비판의 대상이 된 '노동 가치설'이 마르크스의 이론에서는 하나의 전략적 가설로서 상품의 성질을 설명하는 데 필요한 도구에 불과하다는 사실이다. 제3권에 이르면 마르크스는 이 가설에서 벗어나 노동과 가치 관계에 대한 논의를 확대한다. 다만 애석하게도 당시에는 인내심을 갖고 『자본론』을 제3권까지 읽어 내는 사람은 무척이나 드물었다. 그를 비판하는 사람들은 더더욱 그랬다. 이리하여 너무나 당연하게도 그들은 『자본론』 제1권의 가설을 마르크스가 노동 가치에 대해 주장한 견해의 전부라고 간주했다.

『마르크스를 위하여』를 쓴 바 있는 프랑스 철학자 알튀세르*는 『자본론』을 제3권까지 진지하게 다 읽고 마르크스 노동 이론의 복잡한 전모를 확실하게 이해했다. 그 덕분에 그는 우리에게 논리적으로 이에 대해 아주 상세하고 분명하게 설명해 줄 수 있었다. 알튀세르는 마르크스가 여러 가지 요소에 따라 가치가 결정된다는 사실을 인식하지 못할 정도로 멍청하지 않았다고 말한다. 가치는 모든 현상과 마찬가지로 단일하게 이뤄진 요소의 조합이 아니라 하나의 체계, 하나의 구조라는 것이다.

중요한 것은 다양한 요소를 지닌 이 체계 또는 구조를 어떻게 설명하느냐 하는 것이다. 예컨대 우리는 오늘날의 핸드폰과 생활의 관계를 어떻게 설명할 수 있을까? 우리는 당장 핸드폰과 생활의 관계를 서너 가지, 심지어 열 가지로도

---

* 루이 알튀세르(Louis Althusser, 1918~1990)는 프랑스의 마르크스주의 철학자로 오랫동안 신좌파를 상대로 논전을 벌여 왔으며 '부르주아 이데올로기의 위협에 반대한 정통 수호자'라는 명예를 얻었다. 저서로 『정치와 역사: 몽테스키외, 루소, 마르크스』(Politics and History: Montesquieu, Rousseau, Marx), 『마르크스를 위하여』, 『자본론을 읽는다』, 『레닌과 철학』, 『자기 비판의 요소들』(Eléments d'autocritique) 등이 있다.

설명할 수 있다. 그리고 이 모든 관계는 반드시 생활에서의 인과因果의 연결망에서 나온다. 이를 조목조목 열거하는 식으로 설명하자면 끝이 없을 것이다. 마르크스는 이런 나열하는 설명 방식, 근본을 캐는 방식의 논리를 채택하지 않았다. 마르크스의 논리적 방법은 알튀세르의 표현으로 하자면 '중층 결정'이다.

"휴대전화가 생활에서 맡은 역할은 사람들 사이의 정보 전달"이라고 말한다고 해서 우리가 휴대전화와 생활 사이에서 맺는 다른 형태의 관계를 모른다는 것을 의미하진 않는다. 우리가 휴대전화와 생활 사이에 사람들 사이의 정보 전달 이외의 다른 기능과 관계가 있음을 부정하는 것은 더더욱 아니다. 그저 이러한 방식이 휴대전화의 의미를 가장 잘 드러내고 그 기능을 가장 잘 설명할 수 있다고 생각할 뿐이다. 다시 말해서 휴대전화가 갖고 있는 모든 성질 가운데 이것이 가장 중요하고 다른 요소들과는 차원이 다른 결정적 요소라고 생각하기 때문에 이를 '중층 결정 요소'라고 부르는 것이다.

여기서는 설명과 평가가 동시에 이루어지고 있어 양자를 분리할 수가 없다. 한 가지 요소로 설명한다는 것은 우리가 비교적 높은 단계의 결정 요소를 찾아 이 일을 평가한다는 의미다. 마르크스는 이러한 방식으로 '가치'에 관해 연구했으며, 알튀세르는 우리가 이를 논리적으로 정리할 수 있도록 해 준다.

사실 마르크스의 사유와 문체는 상당히 복잡하기 때문에 그만큼 인내심을 갖고 읽어야 한다. 불행하게도『공산당 선언』에 매료된 독자들은 이러한 인내심을 갖고 마르크스를 대하려 하지 않았고 사회의 기대와 요구 탓에 마르크스 본인도 원래 가지고 있던 인내심을 잃고 말았다.

이 때문에 마르크스의 사유를 축약한 수많은 판본이 등장했다. 그 자신도 활동의 필요와 군중의 기대 속에서 정확하지 않은 축약된 발언을 많이 함으로써 '마르크스는 하나인데 서술은 제각각'인 기이한 현상을 유발했다. 마르크스는 일찍이 "나는 마르크스주의자가 아니다."라고 말한 바 있다. 마르크스 본인도 마르크스주의자가 아니라면 '마르크스주의'는 도대체 무엇이며 어디에서 온 걸까? 그리고 우리는 어떻게 '마르크스주의'에서 벗어나 제대로 마르크스를 이해할 수 있을까?

정치경제적 관점 속의 철학적 관심

이러한 문제들을 해결하기 위해 나는 마르크스의 철학적 배경과 그가 사용한 언어의 복잡성으로 되돌아가고자 한다. 『자본론』을 이야기할 때는 경제학자나 공산당 이론 전문가보다는 철학 훈련을 받은 사람, 특히 헤겔 철학을 공부한 철학자의 견해가 더 유용하다.

19세기 말에서 20세기로 접어들 무렵, 마르크스가 사람들에게 남긴 보편적인 이미지는 공산주의 운동의 창시자 혹은 수많은 선동 구호를 만든 운동가였다. 그의 사회 및 경제 분석은 그다지 치밀하지 않고 설득력도 떨어지지만 공산 혁명을 지지하기 위해 창조된 이론처럼 보였다.

하지만 이런 이미지는 20세기로 들어서면서 수많은 굴절과 변화를 거쳤다. 20세기 초에 마르크스의 명성이 전 유럽을 석권한 것은 공산주의 운동의 성공 때문이 아니라 오히려 공산주의 운동의 좌절과 실패 때문이었다. 제1차 세계 대전은 유럽에 전에 없던 파괴를 가져왔고 유럽인이 지녔던 진보와 낙관에 종지부를 찍었다. 동시에 충돌과 원한이 이끄는 민족주의가 초월적이고 이상적인 공산주의 이념을 압도했다.

급속한 변화로 인해 수많은 사람이 인류의 운명을 다시 생각하지 않을 수 없었다. 공산주의에 미래가 있을까? 노동 운동과 좌파적 이상의 다음 행보는 무엇일까?

좌절과 실패 속에서 답을 찾기 위해 새로운 세대의 유럽 지식인은 마르크스의 저작에서 그의 더 깊고 복잡한 생각을 파헤쳤다. 한편에서 보면, 겉으로 드러나는 운동을 더 이상 지속할 수 없게 되자 그들은 그제야 진지하게 마르크스의 숨겨진 사상에 눈을 돌렸다. 다른 한편에서 보면, 이 또한 마르크스에게 아주 깊고 튼튼한 철학 배경이 있었기 때문이다. 유럽의 가치가 크게 휘청거리는 시대에 그의 사상은 자극을 주고 새로운 세대의 지식 청년이 연구할 만한 대상이 되기에 충분했다.

루카치*도 마르크스의 사상을 파헤친 신세대 지식인 가운데 하나였다. 그는 제1차 세계 대전에서 드러난 계급 문제에 관해 『역사와 계급 의식』이라는 책을 썼다. 이 책에서 루카치는 두 가지 중요한 관념을 제시하여 마르크스의 이론을 발전시켰다. 하나는 '총체성'이다. 마르크스는 계급 운동을 분석적으로 본 것이 아니라 '총체성'으로 환원시키려 했다는 것이다. 다른 하나는 '소외'에 대한 마르크스의 관점으로 공

---

* 루카치 최르지(Lukács György, 1885~1971)는 헝가리의 마르크스주의 철학자이자 문학비평가로서 1923년에 『역사와 계급 의식』이라는 책으로 마르크스주의 사조의 서막을 열었고 '마르크스주의의 기초를 다진 인물'로 평가된다. 저서로 『영혼과 형식』, 『소설의 이론』 등이 있다.

산주의 운동 자체를 해석한 것이다. 운동 자체는 공산주의 사회를 만들기 위한 수단이자 도구였지만 그 과정에서 주객이 전도되어 공산주의 사회를 향한 추구를 억제하게 되었고, 이로써 공산주의의 좌절과 실패를 초래했다는 것이다.

루카치가 마르크스의 사상을 새롭게 사유하고 있을 때 이미 무덤에 있던 마르크스의 유령은 그를 도와 과거에는 아무도 알지 못했던 길을 알려 주었다. 황폐하고 구석지긴 하지만 아름다운 풍경으로 가득한 길이었다. 마르크스가 젊었을 때 쓴 다량의 수고手稿가 이 시기에 발굴되어 출판된 것이다. 그 가운데 가장 특별한 것이 1844년에 쓰인 『경제학 – 철학 수고』다. 이 수고는 '소외'에 대한 마르크스의 생각을 더욱 집중적으로 표현하는 동시에 '소외' 개념을 폭넓게 사용해 당시 유럽의 정치경제 상황을 해석했다.

『경제학 – 철학 수고』가 발굴되어 세상에 모습을 드러냈을 때는 이미 루카치가 『역사와 계급 의식』을 발표한 뒤였다. 당시 유럽 공산당의 주류는 루카치의 이 책에 대해 강렬한 비판적 태도를 견지하고 있었다. 루카치가 가장 기본적인 유물론의 입장을 위반하여 생산력과 생산 관계 등 경제의 기초 조건으로 역사를 논하지 않고 특별히 '의식'과 공허한 '총체성'을 역설한 것은 역사를 다시 '유심론화'하는 시도라는

루카치는 제1차 세계 대전에서 드러난 계급 문제에 관해 『역사와
계급 의식』이라는 책을 썼다. 이 책에서 그는 '총체성'과 '소외'라
는 개념으로 마르크스의 이론을 발전시켰다.

것이었다.

　이상한 것은 『경제학-철학 수고』가 분명히 마르크스의 손에서 나왔음에도 이 책에서 서술하는 개념과 역사에 대한 견해는 이처럼 엄청난 비판을 받은 루카치의 저작에 가깝다는 점이다. 어째서 이런 일이 일어났을까? 비판자 가운데 한 부류는 이것이 루카치의 퇴행과 낙오를 증명하는 것이라고 전제하면서, 그가 마르크스가 이미 전도시킨 구식 헤겔철학으로 역사를 보는 탓에 그의 견해가 『공산당 선언』이 발표되기 이전의 청년 마르크스의 관점과 유사한 것이라고 지적했다. 이 관점은 마르크스도 나중에 포기하거나 수정한 바 있다.

　따라서 이 부류는 필연적으로 마르크스 사상에 대한 판단, 즉 '청년 마르크스'와 '성숙한 마르크스'가 서로 판이하게 다르고, 심지어 서로 상반된 단계이며, 마르크스는 '청년 마르크스'를 포기하고 수정한 다음에야 비로소 정확한 방향을 찾아 '성숙한 마르크스'가 되었다는 판단을 고수한다. '성숙한 마르크스'가 이미 '청년 마르크스'를 포기한 만큼, 마르크스 사상에 대한 토론은 마땅히 '성숙한 마르크스'를 기준으로 삼아야 한다는 것이 이들의 주장이다.

　루카치를 포함한 다른 부류의 입장은 『경제학-철학 수

고』가 나오기 전에는 주로 마르크스의 후기 작품을 연구하고 분석할 수밖에 없었으나, 뜻밖에도 루카치가 청년 시기 마르크스의 '소외'와 역사의 '총체성'이라는 개념을 정확하게 일치시켜 마르크스 사유가 전후로 서로 일맥상통하고 있음을 증명했다는 것이었다. 그들에게 '청년 마르크스'와 '성숙한 마르크스'는 당연히 서로 대립하거나 단절된 관계가 아니라 상호 보완적이고 연속적인 관계였다. '청년 마르크스'의 철학적 관심은 '성숙한 마르크스'의 정치경제학 관점의 전제이자 기초였다. 그들은 마르크스가 청년 시기에 이미 이 부분에 대한 기초적 사유를 이처럼 투철하고 견실하게 세울 능력이 있었기에 나중에 '성숙한 마르크스'의 새로운 발전이 가능했다고 보았다. 따라서 '성숙한 마르크스'의 후기 작품은 이 부분에 대한 논리를 장황하게 늘어놓을 필요가 없었다.

마르크스의 저작을 읽은 나의 경험에 따라 나는 후자의 진영에 서기로 했다. 마르크스의 후기 저작, 예컨대 『자본론』 같은 작품은 겉으로 보기에는 경제학과 경제사, 정치경제 이론을 얘기하고 있는 것 같지만 이러한 정치경제의 논술을 꿰뚫고 있는 것 그리고 마르크스로 하여금 이러한 방식으로 인류의 정치경제 활동을 귀납하게 한 것은 결국 '청년 마르크스' 시기의 철학 정신이었다. 물론『자본론』은『경제학-철학 수고』의 고도로 주관적인 이상주의를 바탕에 두고 쓴 책이다. 일단 '청년 마르크스'를 알고 나면 우리는『자본론』에서 아주 쉽게 '반反소외'의 이상주의적 요소를 식별할 수 있다. 다르게 말하자면『공산당 선언』의 저자라는 선입견으로 마르크스를 바라본 탓에 과거의 수많은 독자는『자본론』에 담긴 강렬한 철학적 가치를 보지 못했다고 할 수 있다.

기본적으로 경제학, 특히 정통 현대 경제학을 공부하는 사람일수록『자본론』을 단순한 정치경제 분석서로 간주하면서 이런 각도에서『자본론』을 분석하고 비판하기가 더 쉽다. 게다가 그들은『자본론』에 확실히 드러난 정치와 권력의 상관관계마저 습관적으로 건너뛰고 다루지 않은 채 경제와 관련된 부분만 검증한다.

반드시 기억해야 할 사실은『자본론』이 경제학서이자 정치경제학서인 동시에 정치경제학 비판서라는 것이다. 마르크스는 「포이어바흐에 관한 테제」*에서 "철학자는 세계를 다양하게 해석해 왔을 뿐이다. 그러나 진정으로 중요한 것은 세계를 변화시키는 일이다."라는 명구를 남겼다. 이런 관점

---

*「포이어바흐에 관한 테제」(Thesen über Feuerbach)는 마르크스가 1845년에 쓴 수고로서 마르크스 생전에는 발표가 결정되지 않았다가 사망한 뒤에 엥겔스에 의해 발표되었다. 이 수고는 포이어바흐 철학 체계에 대한 비판에 반응한 것이다. 비판자들은 이를 '구(舊)유물주의'라 칭했다. 마르크스도 이 글에서 변증법적 유물론 개념에 관해 언급하면서 아울러 이를 '신유물주의'라고 칭했다.

에서 볼 때, 오늘날 우리가 잘 알고 있는 경제학, 즉 보통 대학에서 가르치는 경제학은 그저 이 세계에 대한 해석, 나아가 특정한 방향을 갖는 해석일 뿐이다. 경제학의 임무는 우리에게 왜 이렇게 되었는지를 알려 주는 것일 뿐, 경제학이라는 영역 안에서 어떤 것이 옳고 어떤 것이 잘못되었는지를 말해 줄 의무는 없으며 우리가 이런 잘못을 어떻게 바로잡아야 할지 의견을 내놓을 능력은 더더욱 없다.

이것이 바로 『자본론』이 현대 경제학자와 가장 크게 다른 점이다. 현대 경제학자는 경제학에서 자랑스럽게 도덕과 윤리의 문제를 배제한다. 이 때문에 1998년 노벨 경제학상이 아마르티아 센*에게 돌아가자 모든 사람이 그렇게 놀랐던 것이다. 센이 아주 오랫동안 줄곧 서양 경제학의 주변인으로 머물러 있었던 이유는 인도 출신이라는 배경 때문만이 아니다. 그보다 중요한 것은 그의 경제학에 윤리적인 논의가 가득 차 있어 주류와 전혀 달랐기 때문이다. 그는 경제학적 분석에 절대로 도덕 차원의 논의가 없어서는 안 된다고 일관되게 주장했다.

센은 사람들에게 경제학에 윤리와 도덕을 포함시켜야 한다는 사실을 일깨웠지만 마르크스는 정치경제를 분석하기 전부터 먼저 이상적이고 완벽하며 반드시 있어야 할 인간의

---

* 아마르티아 센(Amartya Sen, 1933~)은 인도의 경제학자로
'경제학자의 양심'이라는 명예로운 별명이 있다. 1998년에 복리
경제학에 대한 기여로 노벨경제학상을 받았다.

상태를 가정했다. 그리고 이를 모든 목표의 종점으로 설정하는 한편 분석과 토론의 기준으로 삼아 인류가 어떻게 이 공평하고 정의로운 사회를 향해 나아갈 수 있는가 하는 문제를 일관성 있게 사유했다.

가격의 전제: 가치

1987년 하버드대학교에 막 들어갔을 때, 내가 묵었던 대학원생 기숙사에서 중국어를 할 줄 아는 학생은 세 명이었다. 나 외에 나머지 두 명은 중국에서 온 학생으로 내가 처음 알게 된 중국 친구였다. 그 가운데 한 명은 중국사회과학원 '마르크스·레닌·스탈린·마오쩌둥연구소' 출신으로 사회학을 공부하고자 미국에 온 학생이었고, 다른 한 명은 중산中山대학교 대학원에서 경제학 전공으로 석사 학위를 받고 경제학 박사 과정을 이수하려고 미국에 온 학생이었다.

어느 날 저녁, 경제학을 공부하는 친구가 갑자기 다급하게 도움을 청해 왔다. 내게 경제학 논문 세 편을 건네면서 그 논문들이 무엇을 이야기하고 있는지 중국어로 설명해 달라는 것이었다. 그러면서 다음 날 토론 수업이 있는데 아무리 읽어도 교수가 읽어 오라고 지시한 이 자료들을 이해할 수 없다고 했다.

이상한 일이 아닐 수 없었다. 경제학이 전공인 데다 중국에서 이미 석사 학위를 받은 사람이 어째서 역사학 전공자인 내게 이런 부탁을 한단 말인가? 원래 그는 사회학을 공부하는 중국 학생을 찾아갔는데 그가 나와 자주 얘기를 나눠본 결과 내가 경제학에 큰 관심을 가진 것으로 알고 있으니 나를 찾아가 보라고 했다고 설명했다. 하는 수 없이 나는 바짝 긴장한 채 그 논문들을 읽어 나갔다. 다 읽고 나서 알게 된 놀라운 사실은 그 논문들에 그다지 난삽하거나 이해하기 어려운 부분도 없고 복잡한 계산이나 수학 공식도 포함되어 있지 않아 독학으로 약간의 경제학 기초를 익힌 나로서도 충분히 이해할 수 있었다는 것이다.

나중에야 나는 그가 중국에서 경제학을 공부하여 석사 학위를 받았기 때문에 그 논문들을 이해할 수 없었다는 사실을 알게 되었다. 그가 배운 것은 서양의 자본주의 경제학이 아니라 마르크스주의 경제학이었던 반면, 그 논문들은 전부 자본주의 경제학을 당연한 것으로 받아들이는 입장에서 쓰인 것이었다.

아주 간단히 말하자면, 마르크스주의 경제학에는 거시 경제학과 미시 경제학의 구별이 없다. 그와는 반대로 서양 경제학은 개인의 이성적인 경제 선택을 우선으로 따지는 미시 경제학인지 아니면 수많은 개인의 선택이 하나로 응집되어 발생되는 경제 효과를 따지는 거시 경제학인지를 구분한다. 그러나 『자본론』 제1장에서 마르크스는 '상품'을 이렇게 해석한다. 일단 '상품'이라는 존재가 생기면 이 한 가지 '상품'의 존재는 모든 '상품'이 그것과 관계를 맺게 된다. 다시 말해서 우리는 한 가지 '상품'을 고립된 것으로 논할 수 없고 '상품'과 그 사회적 관계의 총화를 함께 논할 수 있을 뿐이다. 마르크스주의 경제학이 논구하고자 하는 바는 사회관계가 어떻게 경제적인 일에 반영되든 사회관계의 위계가 경제적인 일보다 높다는 점이다.

마르크스주의 경제학에서 가장 우선하는 임무는 계급 구별이다. 한 사회에는 어떤 계급이 있는 것일까? 계급 사이에는 어떤 관계가 있고 어떤 갈등이 있으며 어떤 성질의 투쟁이 진행될까? 이런 갈등은 해결될 수 있는 갈등일까, 아니면 해결될 수 없는 갈등일까? 내부 갈등일까, 아니면 외부 갈등일까? 이러한 문제를 깨끗이 정리한 다음에야 생산과 분배를 말할 수 있다.

여러분은 이것이 경제학이냐고, 놀라 물을지도 모른다. 그렇다. 이것은 경제학일 뿐 아니라 마르크스주의 경제학에서 가장 먼저 처리해야 하는 중요한 조건이다. 사회관계 속에서 경제학은 당연히 미시 경제학이 아니라 거시 경제학일 수밖에 없다.

서양의 경제학에서는 미시 경제학이 시작점이다. 하지만 마르크스주의 경제학에는 이런 시작점이 없다. 또한 미시 경제학이라는 시작점은 모든 경제학 교재의 제1과의 자리를 차지하면서 '수요와 공급이 가격을 결정한다.'는 원리를 해석한다. 지난 일이백 년 동안 서양 경제학의 실험이 내린 결론은 '경제 행위'를 이해하는 데 가장 직접적이고 효과적인 방법은 '가격'에서 시작해야 한다는 것이다.

수요가 증가하는데 공급이 변하지 않는다면 가격은 반드시 상승할 것이고, 반대로 공급은 증가하는데 수요가 변하지 않는다면 가격은 반드시 하락할 것이다. 가격은 수요와 공급의 함수이자 경제 행위에서 가장 핵심적인 요소다. 서로 다른 물건의 서로 다른 수요 변동 모델에 따라 우리는 '가격 탄력성'을 산출할 수 있다. 경제학에서 경제 활동에 대한 해석은 결국 가격으로 돌아간다. 예컨대 『자본론』에 관한 강의를 듣거나 『자본론』을 해석한 책을 사는 이유를 어떻게 설명할 수 있을까? 경제학의 관점에서 보면 가장 중요한 이유는 공급과 수요가 평형을 이루는 합리적인 가격이 있기 때문이다. 어느 날 갑자기 그 강의에 수준이 형편없는 강사가 왔는데도 강사에게 기존의 세 배에 달하는 강의료를 주어야 하고, 동시에 수강생에게도 세 배의 수강료를 요구한다면 어떤 일이 벌어질까? 간단하다. 원래 공급과 수요의 평형을 이루던 가격은 더 이상 평형을 이루지 못할 것이고 90퍼센트 이상의 수강생이 이런 가격을 지불하려 하지 않아 결국 강의는 이루어지지 못할 것이다. 그리고 하나의 '상품'으로서의 이 강의는 사라지고 말 것이다. 그런 가격 조건 아래서는 수요가 사라진다. 반대로 어느 날 갑자기 학원에서 수강생에게 미안한 마음이 들어 수강료를 3분의 1로 줄이는 동시에 강사료도 3분의 1로 줄인다면 어떤 일이 벌어질까? 이 또한 간단하다. 강사가 강의를 그만두고 떠나면서 마찬가지로 강의는 이루어지지 못할 것이다. 여기서 알 수 있는 사실은 새로운 가격 조건 아래서 수요와 공급이 평형을 잃으면 상품도 사라진다는 것이다.

현대 서양 경제학은 수요 공급과 가격이 상호 작용한다는 개념 위에서 성립되었다. 그러나 중국에서 온 나의 학우가 배운 마르크스주의 경제학에는 이런 전제가 없다. 가격은 마르크스주의 경제학에서도 매우 중요하지만 검증과 비판의 대상으로만 존재한다. 가격이 반영하는 것은 상품의 사회

관계이지 그 내재 가치가 아니기 때문이다. 중요한 것은 상품의 내재 가치인데 가격은 가치를 왜곡하는 부정적인 힘이다. 마르크스주의 경제학은 가격에 관해 얘기하면서 반드시 가치를 함께 논한다. 가치라는 전제된 규범 아래서만 가격을 논한다.

서양 경제학의 시작점은 가치를 방치하고 언급하지 않는 것이다. 가치는 주관적이고 유동적이다. 존재하지만 객관적인 측량이 불가능하다. 이 때문에 경제학 연구의 범주에 속하지 못한다. 오로지 가격만이 연구되고 논의되며 인류 행위의 변수로서 예측된다. 서양 경제학에서 가치는 칸트 철학에서 가정하는 '물자체'*와 같아서 확실히 존재하긴 하지만 결코 직접적이고 실제적으로 만지거나 파악할 수 없다. 교환 관계에 끌어들여 계량이 가능한 가격으로 바꿔야만 가치를 파악하고 연구할 수 있다.

컵 하나에는 내재 가치가 있다. 하지만 무슨 방법으로 그 컵의 가치를 계량할 수 있을까? 어떤 관점에서 어떤 기준이나 단위로 계량할 수 있을까? 계량할 방법이 없다면 이를 0으로, 그러니까 가치가 전혀 없는 것으로 가정하고 경제학의 입장에서 이 컵을 보는 수밖에 없다. 교환 행위가 발생하여 어떤 대가를 지불하고 이 컵을 손에 넣으려 할 때 이 컵의

---

* 칸트는 인간이 감각 기관을 통해 실제로 관찰하는 사물의 모습을 '현상'이라 규정하고 감각 기관을 통해서는 알 수 없는 사물의 본질을 '물자체'라고 칭했다.

가격이 형성되고, 그제야 이 컵은 경제학에서 의미를 갖게 된다. 가격이야말로 계량과 해석이 가능하고 더 나아가 예측이 가능하기 때문이다.

또 하나의 예를 들어 보자. 경제학의 각도에서 볼 때, 나는 내가 지금 강의하는 이 교실에서 컵에 담긴 물의 가치가 0에 가깝다는 것을 예측할 수 있다. 누구도 이 물을 원하지 않기 때문이다. 하지만 내가 문을 걸어 잠그고 아무도 밖으로 나가지 못하게 한다면 여섯 시간 후에는 컵에 담긴 물의 가치가 반드시 상승할 것이다. 목이 마른 사람들이 이 물을 원할 것이기 때문이다. 수요는 증가하는데 공급은 변하지 않으면 가격이 오른다.

교환과 가격은 '소외'를 유발한다

가격은 가변적이므로 우리는 가격 변동의 이치를 연구해 볼 필요가 있다. 가격은 서양 경제학의 시작점이지만 마르크스 경제학의 시작점은 아니며, 심지어 마르크스 경제학에서는 그다지 중요하지도 않다. 헤겔 철학을 계승한 마르크스 경제학은 현상을 분석하고 정리하는 정도로 만족하지 않는다. 마르크스 경제학은 처음부터 눈을 어지럽게 하는 복잡한 현상을 파헤쳐 그 배후에 있는 본질을 찾고자 한다.

마르크스는 노동자가 만드는 상품에 내재된 선험 가치가 있다고 생각했다. 이는 그의 경제 사유에서 절대로 해체될 수 없는 출발점이자 그의 사상이 오늘날의 경제학과 확연히 다른 부분이다. 상품의 가치는 그 유용성으로부터 온다. 쓸모 있는 물건일수록 사용 가치도 높다. 이는 공급과 수요 등 외부 요소로 결정되는 것이 아니라 상품의 내재 가치에 따라 결정된다.

다시 말해서 마르크스는 오늘날 우리의 생활 속에 대단히 보편화된 현상, 즉 수요가 창조될 수 있다는 사실을 이해할 수 없었다. 원래 쓸모없던 물건이 눈 깜짝할 사이에 없어서는 안 될 물건이 되는 현상을 그는 도저히 이해할 수 없었다. 물건은 쓸모 있으면 쓸모 있는 것이고 쓸모없으면 쓸모없는 것이므로, 쓸모가 많을수록 사용 가치도 그만큼 커야 했다.

서양 경제학은 초기에 '우울한 학문'으로 간주되었다. 왜 '우울한' 것일까? 경제학이 나타나게 된 전제가 인간의 욕망은 무한하지만 개개인의 욕망을 만족시킬 수 있는 자원은 유한할 수밖에 없기 때문이다. 경제학의 임무는 자원을 분배하여 최대한 많은 사람의 욕망을 만족시킬 수 있는 방법을 탐구하는 것이다. 그러나 아무리 '최대한'이라고 한들 한정된 자원으로는 여전히 모든 사람의 욕망을 만족시키지 못한다. 자원이 인간의 욕망을 만족시킨다면 경제학은 필요치 않을 것이다.

이러한 논리에서 경제학은 당연히 공급을 일정한 것으로 간주하고 가장 많은 사람의 가장 큰 욕망을 만족시킬 수 있는 방법을 탐구한다. 똑같은 10달러를 열 명에게 각각 1달러씩 분배하는 것이 좋을까, 아니면 한 명에게 9달러를 주고 나머지 아홉 명에게 남은 1달러를 나눠 갖게 하는 것이 좋을까? 전통 경제학의 견해에 따르면 9달러를 갖게 된 사람의 수중에 누적된 돈은 한계 효용 체감을 발생시킨다. 많은 돈이 유한한 돈만큼의 만족을 가져다주지 못하는 것이다. 이런 각도에서 보면 집중은 바람직하지 못하고 분산이야말로 비교적 큰 만족을 가져온다.

같은 논리로 경제학은 수요를 절제하는 방법을 추구하는 경향이 있다. 공급이 변하지 않는 상황에서 수요만 증가한다면 수요가 만족을 얻기는 더욱 힘들고 더욱 고통스러워지게 될 뿐이다. 그런데 제2차 세계 대전 이후 경제학의 기본 경향에 거대한 변화가 발생했다. 본토가 파괴되지 않은데다 전쟁으로 대량 생산 메커니즘을 자극받은 전후의 미국은 전에 없던 엄청난 풍요를 만끽했다. 미국인은 생산 공간의 대규모 확장과 단기간의 대규모 동원으로 이처럼 무기의 대량 생산이 가능하다면, 전쟁이 끝난 뒤에도 이 생산 메커니즘으로 생활 용품의 대량 생산이 가능하다는 사실을 깨달았다.

미국인은 공급의 대대적인 증가를 확실하게 체감했다. 경제학은 더 이상 공급이 변하지 않으리라는 가설에 집착할 필요가 없었다. 수요만 조절하면 훨씬 큰 경제 효과를 얻을 수 있었다. 전쟁이 과거에는 아무도 생각하지 못했던 경제 활동의 반응을 일깨웠다. 수요의 확대가 공급을 자극하여 또 다른 경제적 균형 상태에 이를 수 있는 것이다. 전쟁이 바로 가장 극단적인 수요로서 어떤 상의나 준비도 없이 갑자기 1백 기의 비행기, 3백 대의 전차, 1만 문의 화포, 5백만 정의 소총을 요구한다. 이렇게 늘어난 수요에 대응하기 위해 미국은 대규모 동원을 실시했고, 그 결과 생산량이 대대적으로 향상돼 전장의 수요를 만족시키면서도 민간의 생활을 조금도 희생시키지 않았다.

전시의 경험으로 미국 경제학자들은 전례 없는 낙관적 견해를 갖게 됐고, 전후에 세상을 뒤집을 듯한 기세로 밀려드는 '수요 자극'과 '수요 창출'이라는 새로운 흐름을 조장하였다. 수요의 억제를 요구하거나 수요를 제한하여 유한한 공급에 적응시키기는커녕 오히려 인위적인 방식으로 수요의 증가를 고무했다. 이는 대단히 극적인 관념의 전도였다.

확실히 몇십 년 사이에 우리의 생활에는 창조된 수요가 넘치게 되었다. 의학을 공부하는 한 친구는 오늘날 우리가 매일 목욕하는 행위도 '양의 기름과 인간의 기름을 바꾸는' 일이라고 말한다. 그는 피부에서 수시로 기름을 분비하고 신진대사를 진행하는데도 오히려 비누로 자연스러운 유지를 씻어 버리고 온갖 방법을 궁리해 동물의 유지로 피부를 보호하려 한다며, 이것이야말로 공연히 일거리를 늘리는 것이 아니고 무엇이겠느냐고 물었다. 그러나 오늘날 우리는 절대 이런 시각에서 비누로 씻는 행위에 질문을 던지지 않을 것이다. 이런 행위는 이미 필수 불가결한 기본 수요가 되었기 때문이다.

수요란 무엇인가? 얼마에 한 번 씻으면 수요가 되는 걸까? 얼마나 좋은 비누를 쓰면 수요가 될까? 이전에는 씻을 때나 빨래를 할 때나 같은 비누를 썼지만 나중에는 샤워용 비누가 생겼다. 그 뒤에는 또 샤워용 비누와 세수용 비누가 나뉘었다. 이러다 허벅지 전용 비누와 등 전용 비누가 생기지 않으리라고 아무도 장담할 수 없을 것이다. 언젠가 우리가 똑같은 비누로 허벅지와 등을 닦는다는 걸 이상하다고 느끼게 될 리 없다고 누가 장담할 수 있겠는가?

수요는 창조될 수 있다. 그리고 수요를 창조하는 목적은 종종 상품 이익의 극대화다. 제약 공장에서는 주도면밀한 방식으로 등 전용 비누의 수요를 만들어 낼 수 있다. 학술 토론회를 열어 수많은 의사와 전문가에게 논문을 요청해, 인체의 등 부분 모공의 분포와 기능이 신체의 다른 부분과 어떻게 다른지 설명하는 것도 가능하다. 혹은 통계 수치를 통해 등의 모공에 특수한 화학 성분이 접촉했을 때 발생할지 모르는 병변을 제시할 수도 있다. 이런 주장들이 대중 매체와 광고를 통해 '암을 유발할 수 있는 위험한 것'으로 포장되면, 이를 근거로 등 전용 비누가 탄생하는 이유가 만들어진다.

이런 방식으로 수요를 만들고 늘리는데, 여기서 다시 공급을 통제해 희소성을 높여 가격을 올림으로써 이익을 취하면 가장 좋다. 이것이 서양 경제학이 당연시하는 경제 행위이자 경제학자가 분석하고 해석하는 연구 대상이다.

마르크스 경제학은 이와 다르다. 마르크스는 천진하면서도 신비한 철학적 태도로 가치를 대한다. 모든 물건은 우리와 명확한 사용 관계, 즉 불필요하고 장식적인 부분을 제거한 실질적인 사용 가치를 발생시킨다고 본다. 나의 옷과 주전자, 휴대전화에는 가격이 아니라 나에 대한 이 물건들의 특정 '사용 가치'가 먼저 존재한다. 이 가치는 사물과 나의 관계의 본질로서 교환 행위와 교환을 통해 발생하는 가격은 이러한 본질의 '소외'다.

우리가 교환이 존재하지 않는 상황에서 생활할 수 있다면, 각각의 모든 사물과 유일하면서도 절대적인 본질적 관계를 맺을 수 있다면, 그것이 가장 아름답고 이상적이다. 이런 생활에서는 계량화할 수 없고 계량화할 필요도 없는 '사용 가치'만 있다. 내게는 옷이 가치가 있고 주전자가 가치가 있으며 휴대전화가 가치가 있지만 내가 그 사물 사이의 가치 대응 관계에 상관할 필요는 전혀 없다.

오로지 잉여와 결핍이 균형을 잃었을 때만 교환의 수요가 발생한다. 어떤 물건이 내게는 있는데 다른 사람에게는 없거나 다른 사람에게는 없는데 내게는 있으면 그제야 우리는 어떻게 컵과 탁자를 바꿀지 혹은 쌀과 칼을 바꿀지 고민하고 상의하게 된다. '사용 가치'는 모든 개인과 사물의 특수한 관계에만 영향을 미치므로 이를 통한 교환은 불가능하다. 따라서 또 다른 유형의 가치를 만들어 교환의 매개로 삼아야 한다.

이 옷이 내게 '사용 가치'가 있더라도 이를 교환하려면 먼저 그 '교환 가치'를 찾아야 하고, 그런 다음에 이 '교환 가치'로 대등한 '교환 가치'가 있는 다른 물건을 찾아야 한다. 일단 물건에 '교환 가치'가 생기면 그 물품은 원래의 단순한 물건에서 '상품'으로 바뀐다. 책 한 권이 내게 속해 있을 때는 내가 느끼고 이해하고 평가할 수 있는 책과 나 사이의 '사용 가치'만 존재하지만 내가 가진 이 책을 다른 사람이 가진 꽃 한 다발과 바꾸려 한다면, 그 순간 책은 '상품'으로 변하고 '사용 가치' 대신 '교환 가격'이 생기게 된다. 책 한 권과 꽃 한 다발 사이의 관계가 결정하는 '교환 가격' 말이다. 책한 권 단독으로는 그 '교환 가격'을 결정할 수 없다. 다른 상품과의 교환을 비교하는 과정에서만 그 가격이 꽃 한 다발보다 높은지 낮은지 결정할 수 있다.

가격은 교환으로부터 나오고 사물 사이의 교환 관계에서만 존재할 뿐, '사용 가치'와는 전혀 일치하지 않는다. 하지만 이런 물물 교환 관계에서 만들어진 가격은 필연적으로 이성적 강제성을 띠게 된다. 각종 물품 사이의 교환 비례는 점차 수학적 네트워크를 형성하여 서로 영향을 미치고 서로 견제하게 된다. 물건 A와 물건 B 사이의 교환에서 물건 A 두개와 물건 B 한 개를 바꾼다면 이 방식은 물건 A와 물건 B 사이의 비례 관계에서만 존재하는 것이다. 여기서 다시 물건 C

가 나타나 물건 A와 일대일의 비율로 교환이 이루어져도 이는 물건 B와 원래 아무런 관련이 없다. 그러나 물건 B와 물건 C의 교환이 필요해지면 물건 A는 어쩔 수 없이 물건 C 두 개와 물건 B 하나를 바꾸는 것이 합리적이라고 결정하는 가격의 중개자가 된다.

마르크스가 우리에게 말하고자 하는 것은 일단 물건이 교환을 통해 '상품'으로 변하면 이 '상품'은 필연적으로 그 교환 네트워크를 끝없이 확장하여 방대한 체계를 이루게 된다는 것이다.

물질 숭배 충동 속의 '실낙원'

사람과 일반 사물 사이에 발생하는 관계는 두 가지다. 하나는 사용을 통해 만들어지는 가치 관계이고, 다른 하나는 교환을 통해 발생하는 상품 관계이다. 마르크스는 이러한 관점에서 '상품'을 말한다. 『자본론』의 출발점은 서양 경제학, 즉 자본주의 경제학에는 있을 수 없는 것이다. 다름 아닌 사람과 물건 사이의 원시적이고 직접적인 관계인 '사용 가치'의 관계다. 우리에게 주전자 하나의 용도와 의의는 우리와 주전자 사이의 직접적인 관계다. 교환은 이런 관계를 파괴하고 변형시켜 원래는 계량화가 불가능한 가치를 억지로 가격 계량화 체계 안에 편입시키고, 한 걸음 더 나아가 물건의 교환 가치가 그 '사용 가치'와 같다고 착각하게 만든다.

우리는 비싼 물건일수록 더 유용하고 추구와 소유의 대상이 될 만하다고 착각한다. 이는 곧 우리 욕망의 '소외'이기도 하다. 우리는 더 이상 내재된 사용 수요에 따라 사물을 대하는 것이 아니라 교환 과정에서 발생한 가격이라는 외부 기준으로 사물의 가치를 결정한다. 상품이 되기 전까지, 사물은 우리와 대체할 수 없는 직접적인 관계를 갖는다. 나는 이 휴대전화도 좋아하고 이 컵도 좋아한다. 휴대전화와 컵은 둘 다 각각 나와 직접적인 관계를 맺는다. 그러나 일단 교환을 시작하면 휴대전화 한 대를 컵 여덟 개와 바꿀 수 있다는 사실을 알게 되고, 이리하여 나는 아주 쉽게 이 계량화된 비례를 확장해 나에게 컵의 '사용 가치'가 휴대전화의 8분의 1밖에 되지 않는다고 여기게 된다. 나아가 휴대전화에 대한 나의 수요 및 욕구가 컵의 8배가 된다고 믿게 된다.

'상품'에 관해 논의할 때 가격에 대한 마르크스의 견해는 서양 경제학과 철저하게 상반된다. 가격은 가치의 왜곡이며, 더 진실하고 기본적이며 '사용 가치'로 구축된 세계를 파괴한다. 가격은 물건을 '상품'으로 변화시키고 모든 물건을 빨아들여 '상품 체계'를 형성함으로써 모든 물건이 그 가격에 따라서만 서로 관계를 맺도록 한다. 이 때문에 상품 관계는 곧 사회관계다.

원래 이 컵은 내게 아주 유용하고 그 '사용 가치'는 특별한 것이다. 내가 정한 이 컵의 '사용 가치'는 남이 정한 것과 같을 수 없다. 전부가 똑같은 컵이고 똑같은 '사용 가치'지만 남이 컵을 어떻게 사용하든 그것은 내가 컵을 쓰는 방식과는 상관도 없고 이를 공동으로 계량화할 방법도 없다. 이것이 사람과 사물 사이의 원시적이고 정상적인 관계다. 하지만 이 컵이 교환 상품이 되면 컵과 사람의 관계에 주관성은 사라지고 가격으로 대변되는 객관성이 이를 대신한다. 나와 이 컵의 관계, 남과 이 컵의 관계는 컵의 교환 가격으로 결정되게 된다. 상품 체계와 계량화된 가격이 우리의 의지를 압도하면서 우리와 컵의 관계를 결정한다. 이 역시 일종의 '소외'다. 마르크스에게 가격은 서양 경제학에서 보는 경제의 기본 현상이 아니라 왜곡된 방대한 힘이다.

나는 이 컵이 얼마나 유용한지 스스로 결정할 수 없기 때문에 반드시 그 교환 가격에 따라 나 자신에게 컵의 가치를 설득해야 한다. 즉 나는 오로지 컵을 상품 체계를 통해 그 가격을 확인해야만 나와 컵 사이의 관계를 찾을 수 있다. 다시 말해서 나는 다른 사람들이 교환 과정에서 컵의 가치를 얼마로 결정하는가를 보아야 내가 이 컵을 얼마나 필요로 하는지 판단할 수 있다. 이리하여 원시적이고 직접적이며 단순한 사물과 나의 관계는 사회관계에 파묻히고 만다.

마르크스를 읽으려면 우리는 반드시 다음과 같은 이상적인 이미지를 마음에 새겨야 한다. 인간에게는 세상과 독립적이면서도 유기적으로 (매개물의 영향을 받지 않는) 직접 관계를 맺는 생활 방식이 있다. 그리고 경제에는 우리를 이런 생활 방식에서 멀어지도록 끌어당기는 힘이 있다. 오늘날 자본주의 경제학 원칙이 이토록 사람들의 마음속에 깊이 들어와 있고 돈의 힘이 이토록 거대하지만, 우리에게는 여전히 팔 수 없고 교환 범위에 속하지 않는 물건이 있다. 예컨대 우리에게 구체적인 것이든 추상적인 것이든 교환 대상이 될 수 없는 물건이 있다고 가정해 보자. 그런 다음 이처럼 교환이 불가능한 성질과 원칙을 최대한 확대해 보자. 그러면 마르크스와 같은 시각을 얻을 수 있을 것이다.

마르크스가 이상으로 생각한 원시의 상황에서는 모든 사람과 모든 관계, 모든 물건이 전부 교환의 대상이 될 수 없다. 마르크스의 이런 생각이 황당한 것일까? 예를 들어 내가 자매 몇 명으로 엄마 하나와 바꾸고 싶으냐고 묻는다면 당신은 어떻게 반응할까? 자매가 교환의 대상이 될 수 없다면 외삼촌은 될 수 있을까? 집에서 키우는 개는 교환의 대상이 될 수 있을까? 다 쓴 일기장은 어떨까? 남편과 쓰는 침대는 교환의 대상이 될 수 있을까? 삼십 년째 집에 있는 물건은 어떨까? 교환의 대상이 되느냐 안 되느냐의 기준과 한계는 도대체 무엇일까?

마르크스의 대답은 누구보다도 간단했고, 태도 역시 누구보다 강고했다. 그는 이 모든 것이 교환의 대상이 되어선 안 된다고 믿었다. 교환하려 하고 교환할 수 있다는 것 역시 교환의 수요에 따라 지불해야 하는 부득이한 대가다. 사람의 온전한 생활에서는 모든 것이 직접적인 관계로 존재해야 한다. 일단 교환이 발생하면 '물화'가 일어나고 '소외'와 '교환 가치', 즉 가격이 발생해 더 진실하고 근원적인 '사용 가치'를 대신하게 된다.

마르크스도 동일한 관점에서 돈의 본질을 분석한다. 돈이란 무엇일까? 돈은 가장 무섭고 가장 효과적인 이성 계량화의 도구로서 모든 사물을 하나하나 상품으로 만든다. 돈이 나타나기 전에 물물 교환 관계는 반드시 복잡한 배수倍數 관계로 처리되거나 상상됐다. A, B, C 세 물건의 비례 관계는 계산하기 어렵지 않다. 그러나 A에서 Z까지 26가지 물건의 비례 관계는 분명하게 계산하기 어렵다. 계산하기 어려워지면 빈틈이 생겨 가치에 대한 생각을 완전하게 통제할 수 없게 된다.

하지만 돈은 아주 간단한 숫자로 모든 복잡한 비례 관계를 해결한다. 어떤 물건이든 일단 '상품'이 되기만 하면 곧장 금액으로 표시되는 판매 가격이 매겨지고, 이 물건과 다른 '상품' 사이에 설정되는 가격의 높고 낮은 관계도 일목요연해진다. 물건이 본래 가지고 있던 각각의 교환 가치 비례는 일단 돈의 숫자 관계로 변하면 너무나 쉽게 고정되어 버린다. 그리고 우리는 판매 가격만 보고도 자신이 이 물건에 어느 정도의 욕망을 투사해야 하는지 아는 것으로 오해하게 된다.

심지어 실질적인 교환에 참여할 필요도 없이 나는 30억 원짜리 주택에 대한 자신의 욕망이 틀림없이 3천만 원짜리 자동차보다 크고 5백만 원짜리 유럽 여행보다 크고 5만 원을 들여 바그너의 오페라를 보는 것보다 크다고 판단할 수도 있다. 그렇지만 이는 우리와 사물 사이의 본래 관계가 아니다. 더구나 우리는 이 욕망의 대상과 진정으로 어떤 직접 관계를 맺기도 전에 금전적 가격이 먼저 정한 이런 우선순위에 아무런 저항도 하지 못하며, 저항하는 사람이 있더라도 소수다.

우리는 모든 사물을 '상품'으로 간주하는 환경 속에서 살고 있고 필연적으로 가격으로 자신과 세계 사이의 관계를 구축하는 데 길들여져 있다. 우리는 가격에 포위되어 있고 욕망의 자주성을 빼앗기고 있다. 마르크스는 이런 처지가 슬프다고 생각했다. 서양 경제학에서, 정가 15만 원짜리 손목시계를 보았을 때 사람들의 기본 반응은 어떤 요소가 이 시계의 가격을 15만 원으로 정하게 했을까 하는 것이다. 반면에 마르크스 경제학에서, 15만 원짜리 손목시계를 보았을 때의 기본 반응은 어떤 요소가 우리에게 이 시계를 욕망하도록 하는 것일까, 어떤 요소들이 열 근의 쌀이나 열 권의 책보다 이 시계를 더 갈구하게 하는 것일까, 이 시계에 이런 가격을 부여하면 우리의 원시적인 물아物我 관계에 어떤 왜곡이 발생하게 될까 하는 것이다.

서양 경제학에서는 가격이 그 자체에 일정한 원리가 있고 객관적인 수요와 공급의 상호 작용을 거친 결과라고 가정한다. 그러나 마르크스 경제학에서는 처음부터 가격을 '자연'으로 간주하지 않고 '소외'에서 발생한 상품 환경이라고 규정한다. 서양 경제학은 현실 가격의 법칙을 해석하려 하지만 마르크스 경제학은 우리에게 현실 세계의 논리에 어떤 문제가 발생했는지를 지적하려 한다. 다시 말해서 마르크스

『자본론』의 의도는 해석이 아니라 비판에 있다. 해석의 목적은 우리에게 현실 문제를 확실히 알게 하는 것뿐이다. 방식을 바꿔 말하자면 『자본론』은 현실을 해석하려는 것이 아니라 이런 현실이 왜 인류에게 이처럼 거대하고 보편적인 왜곡과 고통을 가져다주는지를 비판하려 한다. 이런 관섬에서 볼 때 『자본론』은 정치경제학서인 동시에 정치경제학 비판서라고 할 수 있다.

여기서 알 수 있는 것은 이것이 개혁을 위한 비판이지 사람들의 적응을 돕기 위한 해석이 아니라는 점이다. 우리는 『자본론』을 읽으면서 마르크스 이론에서 어떤 부분이 오늘날 주류 경제학과 부합하지 않는지 거듭 물을 것이 아니라, 앞서 언급한 관점에서 마르크스의 의도를 원상태로 되돌리고 이해해야만 수확을 얻을 수 있을 것이다. 마르크스의 전제로 돌아가 『자본론』을 읽으면, 적어도 모든 물건과 직접적인 관계가 발생할 가능성을 상상하거나 '소외' 이전의 생활로 돌아갈 가능성을 상상할 수 있을 것이다. 특히 이런 가능성과 우리 일상생활과의 거리가 이처럼 먼 상황에서는 더욱 그렇다. 단 한 가지 목적, 즉 기존의 관념과 가치의 세계에서 살아가는 데 길들여지지 않기 위해 마르크스를 읽는다면 우리는 큰 수확을 얻을 것이다.

평소에 우리는 현실 사회의 논리가 옳다는 가설을 시작점으로 삼고 이런 현실에서 자신의 다음 행보를 어떻게 할지 판단한다. 하지만 마르크스는 우리에게 이러한 논리가 애당초 잘못되었다면 어떻게 할 것인가 하는 문제를 사고하도록 자극한다. 현실과 사뭇 다를 뿐 아니라 훨씬 아름답고 합리적인 사회가 존재한다면 우리는 당연히 이를 추구해야 하지 않을까? 적어도 우리는 더 아름답고 합리적인 그 사회를 좌표로 삼아 자신의 처해 있는 현실 사회를 다시 검토하고 분석할 수 있을 것이다.

『자본론』의 내용은 인간이 원초적 진실에서 점차 멀어지는 순서에 따라 배열되어 있다. '사용 가치'의 추락에서 '교환 가치'로 상품을 정의하고, 자신의 욕망을 '물신 숭배' 충동에 양도하며 돈으로 모든 가치를 포괄하는 추락을 거친 후 한 걸음 더 나아가 돈이 교환 계산의 도구에서 모든 사물의 주재자로 승화하는, 곧 '자본'의 등장으로 추락한다. 돈은 원래 사람들이 물품을 구매할 때 사용하는 도구였지만 '자본'이 된 뒤에는 거꾸로 돈이 사람을 사고 사람이 '자본'에 복무하는 노예가 된다.

이는 『실낙원』의 이야기와 궤를 같이한다. 인간은 사악한 힘에 이끌려 원래 살고 있던 천국에서 벗어난 뒤로 한 걸음 한 걸음 더 타락하여 천당과 갈수록 멀어진다. 『실낙원』은 종교적인 이야기지만 마르크스는 이런 구도를 빌려 인간이 끊임없이 타락해 가는 과정을 밝힐 뿐 아니라 모두가 잃어버린 낙원을 되찾으라고 격려하면서 모두를 속죄의 길로 인도한다. 이것이 바로 세계를 변화시키고 세셰를 '소외' 이전의 원초적 상태로 되돌리려는 마르크스의 위대한 계획이다.

대부분의 사람은 이미 '소외'된 이후의 타락한 인간 세계에 익숙해져 있지만 마르크스는 이를 거부하는 동시에 사실은 타락한 인간 세계 밖에 더 순수한 존재 방식이 있다는 점을 일깨운다.

왜곡과 소외를 지적한 '과학적 유물론'

마르크스는 교환 과정에서 목적과 수단의 교란을 발견했다. 이에 그는 현실 분석을 기초로 한 과학 정신으로 '노동 가치설'을 제시하여 착취와 노동자 통제에 의지하는 자본가의 시장 경제학 이론에 대항했다. 노동 가치설은 자본주의와 시장 경제학의 가장 강한 논적(論敵)이다. 노동 가치설은 자본주의나 시장 경제학과는 완전히 다른 전제와 완전히 다른 가치 서열, 완전히 다른 논리 모델을 가지고 있기 때문이다.

『자본론』의 핵심 : 분배

『자본론』을 읽으면서 가장 두려운 것은 오늘날 통용되는 말과 뜻으로 마르크스의 복잡한 철학 용어들을 해석하는 일이다. 그가 말하는 '상품'은 우리가 일상생활에서 말하는 상품이 아니며, 그가 말하는 '교환'도 우리의 일상 언어에서 말하는 교환이 아니다. 그가 말하는 '상품'과 '교환'에는 모두 철학적 의미가 있고 '물질 숭배'는 더 말할 것도 없다. 그가 말하는 '물질 숭배'는 금전 숭배가 아니며 미친 듯한 쇼핑을 가리키는 것도 아니다. 마르크스의 이론에서 '물질 숭배'

는 인간이 스스로 욕망을 정의할 수 없는 비참한 상태를 말한다.

마르크스는 결코 환상에 빠진 순진한 경제학자가 아니다. 그는 그저 자기 세계 속에서 사는 법을 알았을 뿐이고, 현실을 이해하지 못했기에 오늘날 주류 경제학과 상치되는 '노동 가치설'과 '잉여 가치설' 같은 관념을 만들어 낼 수 있었던 것이다.

학교 다닐 때 내 전공은 사상사 연구였다. 사상사의 기본 과제는 전해 내려오는 저작물을 과거의 시대 맥락에 어울리게 되돌려 놓고 저자가 어떤 견해를 기반으로 이런 내용의 글을 썼는지 최대한 분명하게 밝히는 것이다. 사상사의 방법론에서 중요한 원칙 한 가지는 저자의 주관적 동기를 절대 오판하지 않는 것이다.

어떤 사람이 햇빛을 가리려고 모자를 만들었다. 스타일도 아주 멋지다. 그런데 이 모자를 발에 씌워 놓고는 불만스럽게 비판을 늘어놓는다. "정말 형편없는 신발이군!" 이런 비판이 타당할까?

모자는 모자로서 평가해야지 신발의 기준으로 평가해서 안 된다는 사실을 우리는 잘 알고 있다. 하지만 옛사람의 사상을 대할 때는 종종 이런 기본 원칙을 잊은 채 저자가 당시 어떤 문제에 이런 의견을 내놓은 것인지 고려하지 않고 당연하다는 듯이 오늘날의 견해와 관념으로 그들의 생각을 재단하고 평가한다.

우리는 신발 한 짝을 놓고 충분히 튼튼하지도 않고 착용감도 좋지 않으며 밑창의 탄성도 부족하다고 비판한다. 구구절절 맞는 말이다. 그런데 여기에 이것이 애당초 신발이 아니며, 사람이 신도록 만들어진 물건이 아니라는 전제를 더하면 이 모든 말은 한순간에 일제히 의미를 잃고 만다. 사상사 연구를 시작할 때 첫 번째 책임은 먼저 눈앞에 놓인 이 텍스트가 저자에게 과연 무엇이었는지를 겸허하게 밝히는 일이다. 모자인가, 신발인가, 아니면 우산인가? 이 질문에 정확한 대답이 준비되기 전에는 텍스트에 가하는 어떤 비판도 무책임한 짓이 된다.

마르크스에 대한 무수한 비판은 사실 이처럼 간단한 모자나 신발의 검증조차 견뎌 내지 못한다. 마르크스를 비판하는 절대 다수의 사람은 이미 시장 경제의 운용 법칙을 선입관으로 받아들이고 있다. 게다가 그들은 철학을 이해하지 못하고 헤겔 철학이 무엇을 말하는지에 관심조차 없다. 헤겔 철학의 영향을 받은 마르크스가 가장 관심을 둔 부분은 목적과 수단이 구성하는 변증법적 변화였다. 마르크스가 살았던 때는 거대한 변화의 시대였다. 인류의 경제생활이 크게 변화하면서 과거의 기본적인 법칙과 판단의 기준을 더 이상 적용할 수 없게 되었다. 마르크스는 바로 이 새로운 환경에서 공평과 정의에 부합하는 새로운 법칙을 찾고자 했다. 따라서 『자본론』은 분석적인 저작이 아니라 옳고 그름과 잘잘못을 논하는 작품이다. 마르크스에게는 비판이 분석보다 훨씬 더 의미가 컸다. 그는 비판만이 변화를 가져올 수 있다고 보았다.

1848년에 발표된 『경제학-철학 수고』부터 1857~1858년의 『정치경제학 비판 요강』에 이르는 저작에서 마르크스는 공평과 정의의 문제를 전면적으로 성찰했다. 이러한 성찰의 최종 근거는 '소외' 개념이었다. '소외'되지만 않는다면, 도구와 수단에 통제를 받지만 않는다면, 인간은 공정하고 정의롭게 생활할 수 있다. 나중에 그가 『자본론』을 쓸 때는 '소외'라는 단어가 더 이상 분명하게 텍스트에 나타나지 않지만 그렇다고 해서 『자본론』이 '소외' 및 공평, 정의와 무관하다는 뜻은 결코 아니다.

차라리 마르크스가 『자본론』에서 자신의 관심을 축소했다고 보는 편이 옳다. 『자본론』의 분량은 대단히 방대해 마르크스는 죽을 때까지 이를 완성할 수 없었다. 하지만 절대로 이 점에 속아선 안 된다. 철학의 관심이라는 범주에서 보면 『자본론』은 확장된 것이 아니라 오히려 청년 마르크스의 시야에서 초점이 축소되었다.

『자본론』은 새로운 시대에 어떻게 공평과 정의를 규정하고 공평과 정의의 기초를 닦아 사람들이 '소외'당하지 않도록 하느냐가 아니라, 논점을 하나로 집중하여 새로운 생산 조건에서 어떻게 공평한 분배를 이룰 수 있는가를 논한다. 분배가 바로 『자본론』의 핵심이다.

『자본론』의 근본 문제는 자본을 운용하여 생산을 진행하는 시대에 창출된 재부와 인간의 자원을 누가 누려야 하는가, 어떤 방식으로 누릴 자격을 분배해야 공평한가, 누가 좀 더 갖고 누가 좀 덜 갖는 것을 어떤 이유로 판단할 것인가 하는 데 있다. 이런 질문을 던지는 것은 당연히 우리가 현상을 그대로 받아들일 수 없고, 기존의 방식으로 모든 것을 정리할 수도 없으며, 부와 자원을 누릴 수 있는 자격을 분배할 때 이처럼 자본가와 노동자 사이에 엄청난 차이가 나는 현실을 좌시할 수 없다는 의미다.

요람에서 무덤까지 모두가 누려야 하는 권리

18세기에서 19세기로 접어드는 시기 유럽에서는 부의 분배에 대한 사유에 커다란 변화가 일어났다. 1776년 미국 독립 혁명과 1789년 프랑스 대혁명이 분배의 원칙과 신념에 엄청난 충격을 가져왔던 것이다.

미국 독립 전쟁의 원인 가운데 하나는 영국의 세제에 대한 강한 불만이었다. 이는 "대표 없이는 납세도 없다!"라는 혁명 초기의 구호에 잘 반영되어 있다. 식민지 사람들은 세금을 정하는 영국 의회에 정식으로 선출된 미국 대표가 없다는 점을 참을 수 없었다. 항의에서 시작돼 마침내 영국에서 분리된 북아메리카의 혁명은 관념의 역전을 보여 주었다. 예전에는 정부에서 필요한 돈을 국민에게서 거둔다는 논리였는데 이제는 국민이 내겠다고 동의한 만큼만 정부가 거둘 수 있게 된 것이다. 이는 국민의 재부와 정부의 재부 사이의 분배 원칙과 관련된다. 이전의 논리에서는 분배의 결정권이 정부에 있어서 국민은 이를 받아들일 수밖에 없었다. 하지만 이후의 바뀐 논리에서 국민은 분배의 동의권을 쟁취했다. 국가와 국민, 정부와 국민의 재산 관계는 반드시 이 새로운 논리에 따라 다시 조정되어야 했다.

프랑스 대혁명이 가져온 충격은 더더욱 컸다. 이 혁명에 불을 붙인 것은 부의 불평등한 분배에 대한 일반인의 강렬한 질문과 불만이었다. 어째서 귀족은 그렇게 부유한가? 어째서 교회가 그렇게 많은 재산을 거둬들일 수 있는가? 어째서 가장 가난한 백성이 그렇게 과중한 세금을 부담해야 하는가? 점차 형성되기 시작한 중간 계층은 자신의 재산을 보호하려는 동기가 대단히 강렬했다. 이들은 하층 계급을 동원하고 감정적으로 연대하여 함께 국민 재산의 보호를 주장했으며, 더 나아가 귀족들에게 재산을 나눠 가질 것을 요구했다. 귀족은 한순간에 모든 사람이 때려잡으려고 하는 골목 안 생쥐 꼴이 되고 말았다. 심지어 귀족 중에서도 귀족인 프랑스 국왕 루이 16세와 그의 가족은 단두대에 오르는 운명을 맞아야 했다. 이처럼 드라마틱한 방법으로, 혁명가들은 모든 사람에게 사회의 재부가 계속 귀족과 교회로 집중되어서는 안 되며 반드시 새로운 분배가 이루어져야 한다는 사실을 천명했다.

하지만 어떤 방식으로 새로운 분배가 이루어져야 한단 말인가? 또 누구에게 분배한단 말인가? 기존의 분배 구조를 무너뜨리는 것은 어렵지 않은 일일지 모른다. 그러나 새로운 분배 방법을 세우는 일은 그렇게 쉽지 않다. 미국의 국가 재정은 1776년에 건국한 뒤 10년 동안 줄곧 엉망진창이었다.

당시의 '연방 의회'에서 편성한 예산은 각 주의 지지와 협력을 얻은 적이 없었다. 가장 문제가 많았던 해에는 '연방 의회'가 각 주에 800만 달러의 예산을 요청했으나 결국 50만 달러밖에 얻지 못했다. 각 주에서는 하는 수 없이 1787년에 대표를 파견하여 필라델피아에서 회의를 열었다. 재정상의 어려움은 필라델피아 회의에서 최종적으로 '헌법 초안'을 통과시켜 비교적 권력이 집중된 '연방 정부'를 구성하는 주요 원인이 되었다.

국가와 각 주 사이의 재산 분배도 이렇게 어려운데 개인과 개인 사이의 재산 분배는 더 말할 것이 없다. 프랑스 대혁명이 이처럼 거대한 벌집을 쑤시자 벌에게 쏘인 것은 프랑스 국민과 프랑스 사회만이 아니었다. 이런 상황은 아주 빨리 유럽 전체의 문제로 발전했고 유럽 세력의 확장에 따라 전 세계의 과제로 확대되었다.

이 과제는 산업화의 빠른 발전과 예전 분배 메커니즘의 와해가 동시에 이루어지면서 더욱 복잡해졌다. 이는 사람들이 더 이상 원래의 단순한 마음가짐만으로는 분배 문제를 해결할 수 없다는 의미였다. 우선 기존의 생산 성과와 축적된 부를 어떻게 분배할지 생각해야 했고, 다른 한편으로 새로운 생산 성과와 전에 없던 속도로 축적된 새로운 부를 어떻게 분배할지 고민해야 했다. 산업화는 대량 생산을 가져왔고 대량 생산은 엄청난 수의 노동자를 흡수했으며 동시에 대량의 잉여를 만들었다. 사람들은 새로운 부의 규모와 집중 정도가 이전의 부보다 훨씬 대단하고 무섭다는 사실을 금세 알게 되었다.

서양 경제학, 특히 나중에 변화된 시장 경제학은 경제 문제를 공급과 수요의 변동과 평형에만 고정시켜 놓고 단 하나의 공평하고 객관적이며 어떠한 간섭도 허용하지 않는 메커니즘이 있어야 경제 이익을 얻을 수 있다고 주장한다. 반면, 마르크스 경제학에서는 경제 문제를 수요와 공급의 관계에만 집중시키는 방식을 받아들이지 않는다. 이익 추구와 동시에, 아니 이익을 추구하기 이전에 경제학은 반드시 먼저 분배의 문제를 해결해야 했다. 한 사회가 무엇을 생산하고 얼마나 생산할 것인가, 어떻게 생산하고 생산할 물건을 어떻게 결정할 것인가 등의 문제도 중요하지만 사회의 생산 성과를 어떤 방식으로 어떤 원칙에 따라 누구에게 분배할 것인가, 누가 어떤 형식으로 이를 보유할 것인가 하는 문제도 중요했다.

공평과 정의의 추구 위에 세워진 마르크스 경제학은 생산을 자극하고 효율을 높이는 데는 큰 힘을 발휘하지 못한다. 하지만 분배가 평등하게 이루어지는 사회를 만들 때는 상당히 유용하다. 카스트로 통치 아래의 쿠바는 미국의 강력한 압력을 받았다. 그리하여 수십 년 동안 시장 경제의 성장 지수 통계에서 보면 경제 성장률 및 산업화 정도가 상당히 낙후되어 있었다. 그러나 어떤 통계에서는 이런 쿠바가 놀라울 정도로 두드러진 모습을 보인다. 빈부 격차가 세계 어느 나라보다도 적은 것으로 나타난 것이다. 쿠바는 국가 전체가 부유하진 않지만 정부에서 국민 전체에게 대체로 평등한 기본 복지를 제공한다. 이는 카스트로의 업적이다. 그는 평등한 부가 국민의 중요한 기본권이라 믿었다.

1989년 베를린 장벽이 무너지고 곧이어 소련 체제가 붕괴되면서 공산주의 집단 전체가 붕괴되거나 해체되었다. 공산주의에서 이탈한 후 이들 나라의 국민이 가장 먼저 부딪친 커다란 문제는 과거에 그들에게 인정됐던 기본권이 더 이상 권리가 아니라 생활 속에서 예측하기도, 장악하기도 어려운 변수가 되었다는 점이다.

공산주의와 마르크스 경제학이 사라지면서 중요한 관념 하나가 그들의 사회에서 함께 사라졌다. 다름 아닌 '소외당하지 않을 권리'다. 마르크스는 무엇보다 먼저 사람마다 착취당하지 않고 소외당하지 않을 기본권이 있다고 가정했고,

그의 경제학의 존재 목적은 경제학 분야에서 이 기본권을 보장하는 사유를 설계하는 것이었다.

마르크스가 구상한 권리는 정치 권리, 즉 투표권도 언론의 자유도 아니었다. 그가 구상한 권리는 기본적으로 경제성을 지닌 것으로서, 누구나 가지고 있는 일할 권리가 그 예다. 사람은 누구나 일을 해야 한다. 일은 사람의 의무일 뿐 아니라 권리다. 시장 경제학에서는 이런 주장을 이해하지 못할 것이다. 시장 경제학에서 일이란 일종의 가치를 갖는 노동으로서 다른 상품과 마찬가지로 수요와 공급의 변수에 따라 통제된다. 좋은 가격을 가지면 시장에서 좋은 대우와 바꿀 수 있고, 사람은 이런 식으로 일하게 된다. 공급이 넘쳐 가격이 무너지면 사람들은 실업 상태가 되거나 시장에서 선택적으로 퇴출되어 아예 일을 하지 못하게 된다. 결과적으로 공급이 줄어들고 임금이 상승한다.

시장 경제학에서는 일을 하는 것과 하지 않는 것 사이에 정해진 기준이 없다. 일하는 것을 보장해 줄 사람이나 권력도, 반드시 일을 하도록 강제하는 사람이나 권력도 없다. 이것이 시장 경제학에서 노동을 대하는 태도다. 그렇지만 마르크스 경제학에서는 일을 절대로 소외될 수 없는 권리로 간주한다. 어떤 사람에게 할 일이 없다는 것은 사회의 타락이자 국가의 실직이다. 이 때문에 전원 고용제나 전원 취업이 과거 공산주의 국가의 기본 신조였던 것이다.

마르크스 경제학에서는 어떻게 전원 취업을 가능하게 하고 국가의 전원 고용제를 이룰 수 있는가가 중요한 과제다. 모든 사람이 기본 거주권과 기본 의료권을 갖도록 하는 것을 원칙으로 삼은 까닭에 어떻게 전면적으로 주택과 의료 서비스를 제공할 것인가도 과제에 속한다. 이상적으로 말하자면 모든 사람이 요람에서 무덤까지 일과 주거, 의료 서비스를 누려야 한다. 이는 누구나 마땅히 누려야 할 기본권이다.

시장 경제학에서는 주거와 의료도 수요와 공급의 법칙에 의해 결정된다. 모든 것이 시장에서 구매될 수 있고, 구매되어야 하는 상품인 것이다. 그러나 공산주의 국가에서는 누구에게나 신성한 권리가 있다. 이 신성성은 마르크스의 이념과 그가 세운 경제학에서 나온다.

공산당 독재가 빚은 오해

초기부터 후기까지 마르크스의 사상 전체를 살펴보면 특별히 토론의 대상으로 삼을 만한 중요한 관념이 한 가지 발견된다. 프락시스Praxis다. 이는 번역하기 힘든 단어인데 억지로 번역하자면 '실천'이라고 할 수 있다. 다만 특수한 '실천'으로, 세계를 해석하는 것과 세계를 변화시키는 것을 하나로 합치시킨다는 함의를 지닌다.

쑨원孫文은 "아는 것은 어렵지만 행하는 것은 쉽다."知難行易라는 주장으로 『상서』尙書의 "아는 것은 쉽지만 행하는 것은 어렵다."知易行難는 내용을 부정했다. '知'(지)는 지식과 이론을 의미하고 '行'(행)은 지식과 이론의 실천을 의미한다. "아는 것은 어렵지만 행하는 것은 쉽다."든 "아는 것은 쉽지만 행하는 것은 어렵다."든 '지식이나 이론'과 '실천'을 별개의 일로 가정한다.

프락시스의 '실천'은 왕양명王陽明이 말한 "지행합일"知行合一, 즉 이론과 실천의 합일에 가깝다. 혹은 프락시스를 '지식의 실천'으로 보고, 세계를 해석하는 동시에 변화시킨다는 개념으로 이해해도 좋을 것이다. 옳고 좋은 지식은 단순히 객관적인 분석에 그치지 않고 변화의 힘을 갖춘 비판이 되어, 사람들이 변증적이고 전복적인 시각으로 세계를 인식할 수 있게 한다. 그리고 이를 통해 세계를 변화시키는 결심과 힘을 만들어 낸다.

따라서 마르크스의 경제학 분석은 단순한 경제학이 아

세상을 떠날 때까지 마르크스는 경제학 분석과 연결된 정치 강령만을 내놓았고 구체적 정치 수단은 제시하지 않았다. 마르크스의 정치 강령과 마르크스주의식 정치 수단은 레닌의 손에서 완성되었다.

니라 정치경제학이다. 경제 요소를 분석하는 동시에 필연적으로 어떤 정치적 조치로 기존 경제 구조를 바꿔야 할지 함께 탐색한다. 이는 마르크스 철학의 또 다른 특수한 관점이다.

프락시스의 관점에서 볼 때, 마르크스와 엥겔스의 글에서는 특별히 공산당 조직의 중요성이 강조되고, 이는 노동자 혁명 정당과 '프롤레타리아 독재'의 초보적 구상으로 발전한다. 그러나 세상을 떠날 때까지 마르크스는 경제학 분석과 연결된 정치 강령만을 내놓았고 구체적 정치 수단은 제시하지 않았다. 마르크스의 정치 강령과 마르크스주의식 정치 수단은 레닌의 손에서 완성되었다.

마르크스 정치경제학의 정치적 측면은 러시아 혁명에 대응하여 레닌이 만들어 낸 것이다. 러시아 혁명에는 특이한 면이 있었다. 1917년 러시아에서는 산업이 아직 상당히 낙후되었고 노동자 세력에 한계가 컸음에도 공산 혁명이 일어났다. 그리고 이런 정세가 공산당의 중요성을 크게 높였다. 레닌은 볼셰비키 당의 설립이 노동자를 이끌기 위해서만이 아니라 노동자를 대표하여 인민을 이끌기 위한 것이라고 분명하게 내세웠다. 이리하여 원래의 노동자 혁명은 노동자를 대표하는 공산당 혁명이 대신하게 되었고, 혁명의 주체도 노동자에서 공산당으로 슬그머니 바뀌었으며, '프롤레타리아 독재'도 '공산주의 독재'로 변했다.

그런데도 레닌이 설계한 이 일련의 정치 수단은 마르크스주의의 이름과 연계되었고, 더 나아가 원래의 마르크스주의 정치학을 뒤덮고 말았다. 레닌식의 정치 수단에 편입된 뒤로 마르크스주의는 '마르크스-레닌주의'가 되고 말았다. 물론 이는 청년 마르크스 혹은 『자본론』에서 표방하는 입장과 상당히 다르다. 공산당 독재는 엄청난 논쟁과 수많은 문제를 야기했다. 그리고 이 논쟁과 문제 들은 항상 마르크스와 『자본론』을 비판하는 데 사용되어 왔다. 이런 태도는 정말이지 공정하지 않다.

공산당 독재와 계획 경제가 만든 갖가지 논쟁이 모두 마르크스에게 떠넘겨지면서 본래적인 마르크스 정치경제학은 오늘날 자본주의 시장 경제학을 만날 때마다 패퇴하며 빠르게 몰락하고 있다. 아울러 세계는 경제 사안을 다룰 때 반드시 제기되어야 할 질문, 즉 공정과 정의의 이념이 시장 원칙보다 우선해야 하지 않는가라는 질문을 잃어버렸다. 오늘날 우리는 두 가지 서로 다른 시각으로 마르크스의 『자본론』을 대할 수 있다. 하나는 이를 역사의 흔적, 인류의 특수한 경험으로 간주하는 것이다. 이러한 태도는 순전히 과거에 대한 호기심에서 비롯된다. 또 하나의 시각은 그 속에서 오늘날에 자극과 반성을 제공할 수 있는 내용을 찾는 것이다. 이 두 가지 시각의 가장 큰 차이는 경제를 분석할 때 시장 이외에도 다른 가치 기준이나 관심 영역이 있을 수 있는가를 보는 입장에 있을 것이다.

가격이 가치를 대신하면서 일어난 현상

순수하게 시장 메커니즘의 '이성적 선택'에서 출발할 경우 '기본임금'이란 있을 수도 없고 있어서도 안 된다. 실제로 '기본임금' 조정 문제를 토론할 때마다 '기본임금'은 노동력 시장의 메커니즘을 파괴해 오히려 노동자에게 불리하다고 주장하는 사람이 나온다. 더 낮은 가격으로 자신의 노동력을 팔려는 노동자가 있고 시장에서도 이를 필요로 하는데 왜 안 된단 말인가? '기본임금'이 이런 노동력을 팔 수 없도록 만든 탓에 노동자가 실업의 고통을 감수해야만 하는데, 왜 시원하게 모든 결정을 시장에 맡기지 못하는가? 그리고 '기본임금'은 어떻게 산출하는가? 어떻게 산출하더라도 노동자는 너무 낮다고 하고 기업주는 너무 높다고 한다. 쌍방이 줄곧 흥정을 벌이고 심지어 격렬한 충돌이 일어나는데, 정부는 이에 대해 어떻게 적절한 수치를 제시하고, 어떻게 이 수치가 합리적이라고 주장할 수 있는가?

시장 경제학에 따르면 한 사회에 1만 명의 노동자가 노동력을 팔고자 하는데 1천 명의 노동력만 필요하다면 산출되는 노동력의 단위당 가격은 0에 가깝다. 아주 석은 돈이라도 주기만 한다면 '아예 없는 것보다는 낫다.'는 '이성적 선택'에 따라 낮은 가격에 거래가 성사된다. 이런 상황에서 '기본임금'이 보장될 리 없다.

'기본임금'이 있을 수 있는 근원은 마르크스 경제학의 견지에서 기인한다. 마르크스 경제학에서 노동력은 상품이 아니라 모든 상품 가치를 창조하는 근원이다. 이 때문에 상품 시장의 논리로 노동력을 대해서는 안 된다. 마르크스는 노동력 없이는 노동 상품도 없고 상품 경제도 없다고 전제한다. 따라서 어찌됐든 간에 노동력의 재생산을 유지시켜야 하고, 그런 까닭에 노동력 가격의 하한선이 분명해야 한다. 노동자는 기본적인 생활을 유지할 수 있어야 하고, 다음 날의 노동력 생산을 위한 의식주를 보장받아야 한다. 이것이 노동자가 얻을 수 있는 하한선이자 '기본임금'이다.

시장 경제학만 남으면 '기본임금'은 존재할 공간을 잃을 뿐 아니라 '살찐 고양이', 즉 고위 경영인의 임금이 합리적인

지 아닌지의 문제도 논할 수 없게 된다. 가게의 점원이 한 시간에 5달러의 임금을 받고 공장 노동자가 하루에 60달러의 임금을 받으며 전체 사회의 가정 평균 수입이 매일 약 100달러인데, 대기업의 CEO는 손쉽게 600~700만 달러의 연봉을 받아 하루 평균 2만 달러씩 번다. 이는 200가구의 평균 수입에 해당한다. 이런 상황이 합리적인가?

　시장 경제학의 입장에서 보면 당연히 합리적이다. 2만 원을 받든 2억 원을 받든 전부 시장이 결정한 가격, 즉 수요와 공급의 상호 작용에 의해 발생한 결과이기 때문이다. 시장 경제학에서는 이런 현상을 비판할 수 있는 어떤 법칙도 찾을 수 없다. 시장 경제학에는 가격 이외의 가치가 없다. 한 사람의 노동력의 가치는 그가 시장에서 획득할 수 있는 가격과 같다. CEO 한 사람의 노동 가치는 필연적으로 노동자 한 사람의 300~500배다.

　하지만 우리의 상식에서 가격과 가치를 전혀 구분하지 않고 넘어가기란 쉽지 않다. 가격이 가치와 같다면 '사물이 그 가치를 초월하는' 일도 없을 것이고 일상 언어로 "너무 비싸다." 혹은 "무척 싸다."라고 말하는 것도 그 의미를 잃을 것이다. 이런 말, 이런 관념은 가치와 가격이 서로 차이가 날 때라야 성립할 수 있기 때문이다. 가격이 우리가 인정하는 가치보다 높으면 비싸다고 하고 반대로 낮으면 싸다고 한다.

또한 우리는 공평에 대한 관심을 완전히 없앨 수 없다. 누군가 우리 눈앞에서 피땀 흘려 힘들게 일하는데 다른 사람이 그 결과를 편안하게 앉아서 누리는 것을 본다면 당연히 이것이 공평한지 물을 것이다. 시장 경제학은 우리에게 대기업의 CEO가 받는 수입이 노동자보다 왜 그렇게 많은지는 설명할 수 있지만 이러한 분배가 공평한지는 대답하지 못한다.

시장 경제학에서는 가격이 가치의 관념을 대신하거나 심지어 없애면서 이미 이 시대에 수많은 황당한 현상, 나아가 무수한 재난을 일으키고 있다. 어떤 기업에 어느 정도의 가치가 있는지 알려고 할 때도 그 기업의 업종이 무엇인지, 어떤 제품을 생산하는지, 얼마나 훌륭한 경영 관리 제도와 얼마나 높은 생산 효율을 갖추었는지는 살펴보지 않는다. 그 기업이 매년 어느 정도의 영업 이익과 이윤을 거두고 있는지도 알아보지 않는다. 그저 그 기업의 주식 가격만 본다. 주식 시장에 나타난 가격이 바로 그 기업의 가치다.

바로 이런 태도가 갖가지 혼란을 유발한다. 과거에 인터넷 회사가 난립하면서 일어난 거품 현상이 그 일례이고, 기업 간의 인수 합병이나 주가 조작도 유사한 현상이다. 금융 위기가 발생하여 전 세계의 경제를 위기로 내몬 것도 같은 원인에 의한 것이다. 기업들은 이제 경영과 가치 생산을 위해 노력하는 대신 다른 방법과 경로를 통해 주식 가격을 높이려 애쓴다. 이처럼 가격만 신봉하고 가치를 경시하는 한 혼란과 재난은 끊이지 않을 것이다.

대기업의 CEO는 무엇을 근거로 그처럼 높은 연봉을 받는 것일까? 그들이 회사의 가격 창출에 도움이 되기 때문이다. 그들의 엄청난 연봉 자체가 그들의 최대 자산이다. 어떤 CEO가 A사에서 B사로 스카우트되면 이 CEO는 아무 일도 하지 않아도 곧장 뉴스 효과를 발휘하고, 이 뉴스 효과는 주식 시장에서도 엄청난 효과를 발휘한다. B사의 주가는 이런 뉴스에 힘입어 고공 행진을 할 가능성이 높다. 주식 시장에서 2억 달러의 시가 상승을 확보할 수 있다면 회사에서는 기꺼이 그 CEO에게 7백만 달러의 연봉을 제시하면서 스카우트 요청을 할 것이다. 충분히 수지 타산이 맞기 때문이다. 그들은 이 CEO가 가진 어떤 엄청난 능력을 본 것일까? 이 CEO가 들어와 경영에 어떤 대단한 변화를 일으킬까? 애당초 이런 것들은 전혀 중요하지 않다!

어떻게 보면 이 CEO의 가치는 그의 인품과 능력, 인맥에서 오는 것이 아니라 주로 그가 받는 거액의 연봉에서 온다. 상식을 훨씬 능가하는 고액 연봉은 엄청난 뉴스 가치를 지니기 때문에 매체에 대대적으로 보도되면서 기업의 지명도를 크게 높이고, 이에 따라 기업 주가가 상승한다. 따라서 이들이 상식을 초월하는 고액 연봉을 받는 이유는 그들의 높은 연봉이 창출하는 뉴스 가치 때문이라고 해야 옳을 것이다.

황당하지 않은가? 우리는 이 세상에, 심지어 우리 주위에 이런 CEO보다 대기업을 이끄는 데 훨씬 더 적합한 인재를 얼마든지 상상할 수 있다. 이들 인재는 더 멀리 내다보는 안목과 탁월한 추진력, 조직을 이끄는 뛰어난 리더십과 협상 및 정책 결정 능력을 갖추고 있을 것이다. 하지만 그런 사람이 '합리적인' 연봉을 받는다면 대중은 그토록 놀라지 않을 것이고, 주가에 영향을 미치는 뛰어난 뉴스 효과를 갖추지 못한 탓에 그는 이러한 CEO의 자리에 앉지 못할 것이다.

이러한 논리로 선출되는 CEO는 이미 경영 자체와는 거리가 멀다. 하지만 누가 CEO를 뽑을 때 반드시 경영에 착안하라는 원칙을 만들었는가? 경영 측면에서 볼 때는 황당한 일이 시장 경제에서는 오히려 자기 합리성을 갖는다. 이런 인재 선발 논리가 시장에 있고 시장에서 이익을 취할 기회를 제공한다면 반대할 이유가 뭐가 있겠는가?

'과학적 유물론'의 가치 공식

그러나 정말로 잘못된 것이 없을까? 시장 경제학은 정말로 우리를 완전하게 설복하고 우리의 마음을 편하게 해 줄 수 있을까?

이러한 논리가 조금이라도 의심스럽다면 오늘날 다시 마르크스를 읽어 봐야 하는 근본적인 이유를 알 수 있다. 마르크스를 읽는 이유는 우리가 자본주의와 시장 경제가 승리해 주류가 된 세상에 살고 있기 때문이다. 자본주의와 시장 경제는 홀로 거대하여, 그 오만한 논리가 거의 극단까지 발전했다. 마르크스 경제학은 그와 전혀 다른 관심으로 우리에게 자본주의와 시장 경제 속에 철저하게 함몰되지 말 것을, 이를 필연적이고 유일한 선택으로 보지 말 것을 일깨운다.

오늘날 마르크스를 읽는 것은 모두 마르크스주의나 공산주의의 신도가 되어 마르크스주의와 공산주의로 자본주의와 시장 경제를 때려 부수려는 몽상을 품으라는 것이 아니다. 마르크스 경제학을 하나의 가능한 선택지로 보고 이를 통해 자본주의와 시장 경제의 오만한 독선에서 일어나는 편파와 사악을 방지하자는 것이다.

"권력은 부패한다. 절대 권력은 절대 부패한다." 영국 역사학자 액튼 경의 이 명구는 사상과 이데올로기에도 적용된다. 어떠한 도전이나 질의도 받지 않고 절대 진리라는 권력을 가진 사상은 절대적으로 부패한다. 끊임없는 검증과 개선 그리고 현실에 적응하는 움직임을 잃고, 어떠한 질의도 허용하지 않는 태도로 현실을 덮어씌워, 현실에 맞는 조정을 오만하게 거부할 뿐 아니라 도리어 자기에게 맞춰 현실의 왜곡과 변조를 요구하게 된다.

반면에 마르크스 경제학은 자본주의와 시장 경제학의 가장 강하고 유력한 논적이다. 마르크스 경제학에는 전혀 다른 전제, 전혀 다른 가치 순서, 전혀 다른 이론 모델이 있기 때문이다.

마르크스의 이론 모델 가운데 하나가 이른바 '과학적 유물론'이다. 이 이름을 마음대로 문자 그대로 해석하지 말길 바란다. 두 가지 사실을 분명히 하고 넘어가는 것이 우리가 마르크스의 본의로 돌아가는 데 도움이 될 것이다. 첫째, 마르크스가 말한 '과학'은 당시 다른 사회주의 사상과의 비교에서 나온 것이다. 마르크스와 거의 동시대 인물 가운데 사회주의를 주장했던 사람으로 프랑스의 생시몽Saint-Simon과 푸리에Charles Fourier, 영국의 오언Robert Owen 등이 있다. 하지만 마르크스의 눈에 생시몽이나 푸리에, 오언 같은 사람들이 주장하는 사회주의는 공상에서 온 것이었고 튼튼한 분석적 지식 기반이 없었다. 인간은 그렇게 불공평하고 불평등하게 살아선 안 되기 때문에 사회주의적 수단으로 평등한 사회를 만들어야 한다는 소박하고 천진한 직관의 산물에 지나지 않았던 것이다. 그들은 불공평을 어떻게도 해석하지 못했고 불평등의 근원을 정리하지도 못했으며 공평한 사회로 가기 위한 구체적인 방안을 정확하게 그려 낼 수도 없었다. 마르크스는 자신을 이들 '공상적 사회주의자'와 확실히 구분하면서 자신의 사회주의에는 지식(넓은 의미의 과학, 즉 검증을 통해 기존의 판단을 뒤집을 수 있는 지식) 기반이 있음을 강조했다.

둘째, 마르크스가 '과학'을 어떻게 인식하고 운용했는지 주목해야 한다. 그가 이해한 '과학'은 자연 현상을 탐색하는 일련의 방법으로 19세기에 이미 명확하게 수립되었다. 이 방법은 뉴턴의 성과로 설명될 수 있다. 뉴턴은 현대 물리학의 아버지이자 최초의 근대 과학자다. 그는 물체 운동의 기본 법칙을 찾아내 이를 간단명료한 법칙으로 써냈다. 이 법칙은 눈앞의 현상을 해석할 뿐 아니라 미래에 발생할 일도 예측할 수 있었다. 뉴턴의 역학은 물체 운동의 기본 원리를 항등식으로 묘사했다. 현실의 물체들은 이 법칙에 따라 운동하고 과거와 미래의 어떤 운동도 필연적으로 이 법칙에 따라 운동하며 예외는 허용되지 않는다.

이것이 마르크스의 개념 속의 '과학'이다. 그는 자기 이론을 '과학적 유물론'이라고 칭했다. 자신이 인류 역사 변화전체의 핵심을 찾아냈다는 의미였다. 뉴턴 운동 법칙과 마찬가지로 '과학적 유물론'은 현재의 현상을 해석할 뿐 아니라 미래의 변화도 예측할 수 있으며, 그 핵심은 바로 '가치 법칙'이다.

마르크스는 인류 활동과 역사 변화의 기초가 경제에 있으며 경제 활동을 총괄하는 근본은 가치에 있다고 주장한다. 다시 말해서 어떻게 가치가 생산되고 교환되느냐에 있다. '가치 법칙'만 장악할 수 있다면 경제 활동의 본질을 장악할 수 있다. 그의 이론은 이처럼 세계 전체가 기준으로 삼는 법칙을 시작점으로 삼고 있기 때문에 공상적이거나 추측성, 신앙성을 띠거나 철학적이지 않고 '과학적'이다.

마르크스의 '가치 법칙'은 과학 법칙을 규범으로 삼아 그것을 모방하여 만든 것이다. 뉴턴 역학은 운동을 단순화하고 단순한 역학 작용을 규범화하는 데에서 비롯된다. 뉴턴 역학이 성립하려면 먼저 물체의 항상적인 존재의 본질을 정의해야 하고 물체가 근거 없이 발생하거나 근거 없이 소실될 수 있다는 가능성을 배제해야 한다. 뉴턴 역학은 항상 존재하는 물체에 관해서만 논의한다. 이러한 물체가 어떻게 A 공간에서 B 공간으로 운동하는가, 그리고 그 과정에서 어떤 요소들이 영향을 미치는가 하는 문제를 따진다.

뉴턴 역학은 물체의 운동을 폐쇄계 내부로 한정한다. 뉴턴 역학의 관점에서 우주는 중력이 작용하는 폐쇄계이고, 모든 태양계 행성의 궤도 운동은 물체 사이에 작용하는 중력이 만들어 낸 결과다. 거기에는 신의 주관적 의식 같은 다른 요소가 개입할 수 없고, 개입해서도 안 된다. 실제로 모든 행성의 운동 속도와 위치를 정확하게 계산해 내는 뉴턴 운동 법칙은 신의 존재를 확신하는 기독교의 관점에 엄청난 충격을 안겼다. 어떻게 보면 뉴턴은 우주를 중력에 통제되고 작용하는 단순한 폐쇄계로 변화시킨 셈이었고, 그 속에는 신이 손을 뻗을 여지가 전혀 없었다. 만일 신이 존재한다면, 그리고 천체의 운행에 임의로 영향을 미칠 수 있다면, 뉴턴 운동 법칙은 정확할 수 없을 것이다. 그러나 이 간단한 운동 법칙은 뜻밖에도 천체의 운행을 정확하게 예측했고, 적어도 천체의 운행에 신이 간섭하지 않았고 간섭할 수도 없음을 증명했다.

마르크스의 '가치 법칙'도 폐쇄적인 이론의 전제가 있다. 가치는 근거 없이 하락하거나 근거 없이 소실되지 않는다는 '가치 불변'의 법칙이다. 늘어난 가치는 반드시 그 출처가 있기 마련이고 줄어든 가치도 반드시 어딘가 간 곳이 있다는 것이 마르크스의 전제다.

아무런 가치가 없는 돌도 아름다운 비너스 상으로 조각되면 가치를 얻게 된다. 이 가치는 예술적인 것이든 실용적인 것이든 모두 조각가의 노동력에서 나온다. 따라서 비너스 상에서 가치가 0에 가까운 돌의 원시 가치를 제하고 나면 곧 조각가의 노동 가치가 된다.

돌은 원래 자연물이지만 노동자의 손에 들어가면 노동 원료가 된다. 노동자는 그 위에 노동력을 더해 노동 생산물을 창조한다. 노동 생산물의 가치가 노동자에게서 나온다는 것은 너무나 명백한 사실이다. 어떤 물건이 원래의 비교적 낮은 가치를 지닌 상태에서 비교적 높은 가치를 지닌 상태로 변한다면 그 사이에 어떤 요소 또는 성분이 더해졌음을 의미하고, 반대로 어떤 물건이 높은 가격에서 낮은 가격으로 변했다면 그 사이에 어떤 요소나 성분이 줄었음을 알 수 있다. 아무런 근거 없이 어떤 가치가 발생할 수도 없고 사라질 수도 없다.

마르크스는 『자본론』 전체를 이처럼 간단한 법칙 위에 세우고 이 법칙으로 가치의 기원과 변동, 나아가 경제생활의

의의를 파악하고자 했다. 이 법칙은 인간의 행위에 영향을 미치지만 당연히 뉴턴의 제1법칙, 제2법칙처럼 그렇게 깔끔하고 순수할 수는 없었다. 하지만 마르크스는 확실히 책 전체를 통해 자신이 제시한 이 '가치 법칙'을 설명하고 해석하는 동시에 탐색하고 검증했다. 그리고 『자본론』의 내용은 이 '가치 법칙'을 수립하고 확장한다.

이는 마르크스의 과학적 측면이자 그 자신이 규범으로 정한 '과학 정신'이기도 하다.

'교환 가치' vs '사용 가치'

마르크스의 경제 이론은 '실낙원'식이다. 그는 모든 경제 활동이 발생하기 전에 절대적인 이상理想 상태가 있었다고 가정하고, 이러한 상황에서 인간 생활의 모든 물건은 각각 독특하고 유일하여 같은 기준으로 평가할 방법도 없고 해서도 안 되며, 교환되어서는 더더욱 안 된다고 말한다. 모든 물건은 그 자체의 가치를 지니며 자체의 단위로만 평가가 가능하다. 이 때문에 '등가 교환'이라는 것은 존재하지 않는다. '등가 교환'을 진행하려면 반드시 두 개 혹은 그 이상의 물건 사이에 두루 통용될 수 있는 가치를 설정해야만 서로 '등가'

인지를 가늠할 수 있다.

책 한 권과 식사 한 끼를 어떻게 같은 기준으로 평가할 수 있는가? 신발 한 켤레와 영화 입장권 한 장을 어떻게 같은 기준으로 평가할 수 있는가? 바다 풍경과 산책을 같은 기준으로 평가할 수 있는가? 하지만 인간의 경제생활은 같은 기준으로 평가할 수 없는 이 물건들을 억지로 교환 체계 안에 집어넣음으로써 시작된다. 그러므로 이처럼 다양한 물체와 현상, 서비스, 심지어 감정을 계량화하여 처리할 주관적 방식을 찾는 수밖에 없다.

마르크스에게 이는 자연스러운 것이 아니었고 불변의 진리는 더더욱 아니었다. 그에게 이는 인류가 원시 상태에서 교환 관계로 타락함을 의미했다. 원래 계량화되어서는 안 될 것들이 계량화되면서 모든 물건이 각자 지닌 가치 외에 교환 과정에서 같은 기준으로 계량된 '교환 가치'를 얻게 되었다. 다음 단계는 더더욱 되돌릴 수 없는 타락으로서, 화폐로 '교환 가치'를 통합하여 모든 '교환 가치'가 금전 아래에서 가치의 높고 낮음을 드러내게 했다. 이로써 교환은 더욱 쉬워지고 모든 물건은 하나의 같은 기준으로 배치되어, 원래는 소외될 수도 없고 계량될 수도 없었던 근본 가치를 망각하게 만든다.

'교환 가치'는 원래의 내재 가치를 압도하고 나아가 약탈하듯이 내재 가치를 쫓아내 버린다. 마르크스는 인류가 에덴동산으로 돌아가지 못하는 것처럼 우리도 아직 소외되지 않았던 이상적인 상태로 돌아갈 수 없다는 사실에 동의한다. 그는 인간의 현실이 소외 이후의 상황이라는 사실을 인정한다. 이 때문에 반드시 소외 이후의 상황을 분석할 수 있는 방법을 찾아야 하는 것이다.

화폐가 출현한 이후 인간의 경제 행위는 기본적으로 일련의 '교환'을 둘러싼 연쇄 활동이 되었다. 우리는 모든 물건을 교환이 가능한 상품으로 간주하여 화폐를 중개로 그 '교환 가치'를 정의하고 상품을 화폐로 바꾼다. 그런 다음 다시 수중의 화폐로 등가의 또 다른 상품과 교환한다. 모든 것이 '상품-금전-상품-금전……'의 과정 속에서 끝없이 순환한다.

교환은 어떻게 성립할까? 우선 조건은 대등한 '교환 가치'가 있어야 한다는 것이다. 빵 하나에 1천 원의 '교환 가치'가 있다면 1천 원의 화폐로 바꿀 수 있다. 그 1천 원의 화폐로 포도주 한 병으로 바꿀 수 있다면, 1천 원의 빵과 1천 원의 포도주에는 동일한 '교환 가치'가 있다는 사실을 쉽게 이해할 수 있을 것이다.

하지만 마르크스는 우리에게 이러한 조건만으로는 교환

행위를 구성하기에 부족하며, 또 다른 조건이 함께 존재해야 한다고 말한다. 다름 아니라 두 가지 물건의 서로 다른 '사용 가치'다. 어떤 상황에서 우리는 1천 원어치의 빵을 가지고 1천 원어치의 포도주로 바꾸고 싶을까? 우리의 마음속에서 포도주의 '사용 가치'가 빵의 '사용 가치'보다 높게 느껴질 때일 것이다. 포도주를 필요로 하는 정도가 빵을 필요로 하는 정도를 넘어설 때 우리는 빵을 포도주와 바꾸려 할 것이다. 반대로 어떤 사람이 포도주를 가지고 빵과 바꾸기를 원하게 될까? 빵을 필요로 하는 정도가 포도주를 필요로 하는 정도를 넘어서는 사람일 것이다.

배가 고파 빵을 먹고 싶어 하는 사람이 둘 있다. 한 사람의 손에 1천 원어치의 빵이 들려 있고 다른 한 사람의 손에 1천 원어치의 포도주가 들려 있다면 두 사람 사이에는 교환이 이루어질 수 없다. 빵을 가진 사람은 그 빵을 포도주와 바꾸려 들지 않을 것이다. 겉으로 보기에 이 두 물건의 '교환 가치'가 같다고 해도 마찬가지다.

따라서 '교환 가치'만 봐서는 교환을 진정으로 이해할 수 없다. 이상한 것은 교환이 성립하려면 '교환 가치'가 '사용 가치'와 같지 않아야 한다는 점이다. 손에 든 빵의 '사용 가치'가 1천 원보다 낮을 때 빵을 가진 사람은 비로소 이를 1

천 원과 바꾸고 이 1천 원으로 그에게는 '사용 가치'가 1천 원과 대등한 포도주와 바꾸려 할 것이다. 그리고 기꺼이 1천 원어치의 포도주를 남에게 팔려는 사람에게는 이 포도주의 '사용 가치'가 반드시 1천 원보다 낮아야 한다.

빵집에 있는 빵은 빵집 주인에게 '사용 가치'가 없다. 빵집 주인은 그렇게 많은 빵을 먹을 필요도 없고 다 먹지도 못한다. 빵은 어떤 고객에게 팔려 가면 그 즉시 '사용 가치'가 발생한다. 손님은 분명히 빵을 먹으려고 샀을 것이기 때문이다. 마찬가지로 와인 상점에 잔뜩 쌓인 포도주도 '사용 가치'가 없다. 팔려서 가게를 떠나야만 비로소 '사용 가치'가 생긴다.

애덤 스미스와 리카도David Ricardo의 이론으로 볼 때, 이는 교환과 시장의 장점이다. 교환이 '사용 가치'를 창조하는 것이다. 물건이 이를 사용하지도 않고 필요로 하지도 않는 사람의 손에서 이를 사용하고 필요로 하는 사람의 손으로 옮겨 감으로써 '사용 가치'가 높아진다. 겉으로는 등가 교환인 것 같지만 실질적으로 이 교환에 참여한 사람들은 모두 비교적 높은 '사용 가치'를 얻는다. 경제 활동이 빈번해질수록 전체 '사용 가치'가 증가한다.

하지만 마르크스는 애덤 스미스도 아니고 리카도도 아

니다. 그는 교환이 발생시킨 가치 효과만이 아니라 이 교환 과정에서 나타나는 목적과 수단의 교란도 발견했다.

교환 행위의 왜곡과 소외

교환 과정에서 물품은 목적이고 화폐는 중개와 협조의 수단이라는 점은 분명하다. 포도주에 대한 나의 수요가 빵에 대한 수요를 능가하기 때문에 나는 빵을 팔고 포도주를 산다. 이것이 교환의 핵심 의미다. 인류의 경제 활동이 모두 자신에게 '사용 가치'가 비교적 낮은 빵을 '사용 가치'가 비교적 높은 포도주로 바꾸는 것이라면 합리적인 일이다. 마르크스의 『자본론』에 나오는 공식으로 표현하자면 W-G-W, 즉 상품-화폐-상품이다. 여기서 W는 상품, G는 화폐를 나타낸다. 그러나 마르크스는 우리도 잘 알다시피 경제 활동에서 아주 큰 비중을 차지하는 부분이 이러한 정상적인 W-G-W가 아니라 뒤집힌 G-W-G, 즉 화폐-상품-화폐라는 사실을 발견했다.

G-W-G가 가리키는 것은 돈으로 물건을 사서 이 물건을 다시 파는 것을 말한다. 즉 매매의 거래는 이 물건을 사용하기 위한 것이 아니며, 중간에 '사용 가치'가 개입하지 않는

다. 가장 전형적인 G-W-G 활동의 예로 타이완의 부동산 투자자를 들 수 있다. 그들은 거주를 위해 집을 사는 것이 아니기 때문에 산 집에 거주하는 일이 거의 없다. 순전히 전매를 통해 돈을 벌려는 것이 그들이 집을 사는 목적이다. 그들은 그 집이 자신에게 '사용 가치'가 있는지의 여부는 따지지 않고 전매할 수 있는 '교환 가치'에만 주목한다. 절대 다수의 투자자가 투자로 사는 집은 자신들이 직접 거주하는 집과는 엄청난 차이를 보인다. 이들은 자신이 애당초 거주할 생각이 없는 집들을 투자 표적으로 삼아 구매한다.

『자본론』에는 '소외'라는 단어가 직접 나타나지 않지만 마르크스는 제1장에서 먼저 G-W-G에 관해 논한다. G-W-G는 사실 '소외'이자 수단과 목적의 교란으로, 수단이 거꾸로 목적을 견제한다. 원래 중개의 도구인 화폐가 반대로 목적이 되고, 교환은 더 이상 '사용 가치'를 창조하기 위한 것이 아니라 화폐를 축적하기 위한 것이 되고 만다.

G-W-G의 문제를 지적하면서 마르크스가 발견한 것은 경제 활동이 당연히 애덤 스미스나 리카도가 생각한 것처럼 그렇게 긍정적이지 못하다는 사실이다. 경제 활동으로 사회 전체의 사용 이익이 향상되는 것이 아니다. 일부분, 심지어 대부분의 경제 활동은 사실 본말이 전도되어 화폐 가치를 높

이고자 이뤄진다. G-W-G의 교환 과정에서 교환 성립을 위해 먼저 고려해야 할 사항은 사들인 가격보다 파는 가격이 높아야 한다는 것이고, 상품 자체의 '사용 가치'는 고려 대상 밖으로 완전히 버려진다. 타이베이 부동산 시장에서는 투자자와 투자자 사이에 수많은 거래가 이루어진다. 여러 투자자의 손을 거치면서 집값은 오르지만 집은 아무도 살지 않은 채로 남는다!

G-W-G는 화폐에서 시작하여 화폐로 끝난다. 우리는 오늘날 시장 경제의 개념에 너무나 익숙해져 있어 돈을 좀 더 많이 벌고 금전적 재산을 좀 더 늘리는 것에 아무런 문제가 없다고 생각한다. 하지만 아무리 시장 경제를 주류로 하는 사회라 해도 '그럼 돈이 많아진 다음에는 어떻게 할 것인가?', '그렇게 많은 돈을 버는 이유가 무엇인가?' 하는 난처한 질문을 수시로 맞닥뜨리는 일은 피할 수 없다. '돈밖에 남은 것이 없을 정도로 가난하다.'라는 이상한 비판이 나오게 될지도 모른다.

그렇다. 우리는 우리가 최초의 목적과 수단의 틀에서 철저하게 벗어날 수 없고 교환 현상의 근본을 피할 수 없다는 사실을 잊지 못한다. 교환은 분업으로 생겼고, 분업은 서로 다른 사람의 손에서 나온 각각의 물건에 서로 다른 '사용 가치'를 지니게 했다. 빵을 만드는 사람은 그렇게 많은 빵을 필요로 하지 않고 술을 만드는 사람은 그렇게 많은 포도주를 필요로 하지 않는다. 따라서 교환은 서로에게 유리하고 서로의 수중에 있는 물건의 '사용 가치'를 증가시킬 수 있는 조건 아래서 이루어져야 한다.

G-W-G는 우리를 교환의 근본 이치에서 떨어져 나오게 하고 교환을 또 다른 일, 즉 화폐를 축적하기 위한 교환으로 변화시킨다. 이때부터 교환의 평가 기준은 더 이상 사람마다 서로 다른 '사용 가치'가 아니라 통일된 화폐의 수치다. 좀더 직접적으로 말하자면 사람들은 추상적인 숫자를 위해 교환하게 되고 경제생활도 추상적인 숫자를 위한 활동이 된다.

비정상적인 교환 관계에서 만들어진 '잉여 가치'

G-W-G의 왜곡으로 인해 사람들은 화폐를 수단에서 목적의 자리로 옮겨 놓게 된다. 원래 인간의 생활에 진정으로 필요한 것은 물건이다. 인간 생활의 풍족함은 우리에게 유용한 물건을 많이 지님으로써 오는 것이어야 한다. 그러나 목적과 수단이 교란된 상황에서 사는 사람들은 더 많은 화폐를 추구하면서 또 다른 오해를 일으킨다. 물건이 아니라 화폐에

가치가 있다고 오해하는 것이다.

온갖 방법을 동원하여 돈을 벌려는 것은 '사용 가치'를 지닌 물품으로 교환하기 위한 것이 아니라 화폐가 가장 큰 가치를 지니고 있다는 오해 때문이다. 가치가 화폐에 숨어 있다고 일단 믿는 사람은 필연적으로 화폐를 붙잡아 두는 쪽을 선택한다. 돈이 많은 사람은 돈으로 수많은 물건을 교환할 수 있지만, 돈이 수중에서 빠져나가는 것을 가장 두려워한다. 그리하여 그는 돈이 많으면서도 자신에게 유용한 상품을 사지 못하는 수전노가 되고 만다.

이러한 수전노와 상품 교환은 서로 양립할 수 없다. 수전노에게 가장 중요한 관심사는 수중의 돈이고 은행 계좌 숫자의 많고 적음이 모든 것보다 우선한다. 이런 사람에게 누군가 "하루 종일 힘들게 돈을 벌었으니 영화관에 가거나 음악회에 갑시다!"라고 말하면 그는 어떤 영화를 보고 어떤 음악을 듣고 싶으냐고 되묻지 않을 것이다. 그는 그저 영화관이나 음악회에 가면 자신의 수중에서 돈이 얼마나 줄어들까를 염려할 것이다. 이런 사람의 기본적인 선택은 수중에 있는 화폐의 유출을 최대한 줄이는 것이다. 다시 말해서 어떻게든 자신과 상품과의 관계를 줄이고 돈을 수중에 움켜쥐는 것이다.

겉으로 보기에는 수전노와 철저히 반대되는 행동을 하는 또 다른 유형의 사람이 있다. 이들은 적극적으로 돈을 꺼내 빈번하게 상품을 교환한다. 하지만 교환해 오는 대부분이 자신에게 '사용 가치'가 있는 물건이 아니라 다시 내다 팔 물건이다. 잘 바꿔서 더 많은 돈을 벌려는 것이다. 이런 사람은 수전노와 근본이 같은 유형으로서 물건에는 관심이 없고 물건을 쓰는 데도 관심이 없으며 오로지 화폐에만 마음을 둔다.

G-W-G의 '소외' 교환에서 앞부분의 공식관계는 G1 = W로, 돈을 주고 등가의 상품을 사는 것이다. 그런데 뒷부분의 공식은 W < G2다. 상품을 판 가격이 원래 사들였을 때의 가격보다 높다는 뜻이다. 그렇지 않다면 무엇 때문에 이런 일을 하겠는가?

매입에서 매출까지 상품 W는 변하지 않지만 G2는 G1보다 크다. 즉 W 자체에는 아무런 변화도 일어나지 않았는데 순수하게 매매 과정에서 뜻밖에도 그 '교환 가치'가 증가한 것이다. 마르크스는 G2와 G1 사이의 차이를 '잉여 가치'라고 하여, 이것이 G-W-G라는 비정상적인 관계에서 발생한 비정상적인 가치 차이임을 표현했다.

정상적인 W-G-W 관계에서는 상품 W1의 '교환 가치'가

G와 같고 뒤에 오는 상품 W2의 '교환 가치'도 G와 같다. 이런 교환에서 '교환 가치'는 절대로 증가하지 않는데 어떻게 성립하는 것일까? 행위의 주체에게는 W2의 '사용 가치'가 W1보다 높아 교환을 통해 비교적 높은 '사용 가치'를 얻을 수 있기 때문이다.

비정상적인 G-W-G 관계에서는 상품이 W 한 가지밖에 없고 그 '사용 가치'는 변하지 않지만 '교환 가치'는 전후가 달라 뒤의 G가 앞의 G보다 높다. 이를 공식으로 표현하면 G1 = W, W = G2가 된다. 이 두 등식에서 W를 제거하면 G1 = G2가 된다. 하지만 G2는 분명히 G1보다 많지 않은가!

한 가지 물건을 1천 원에 사서 한 번도 사용하지 않고 조금도 바꾸지 않은 채 한동안 가지고 있다가 1,100원에 내다 팔았다. 이런 현상을 우리는 당연하다고 보면서 장사의 본질이 이렇다고 말한다. 하지만 이를 마르크스의 가치 공식에 대입해 보면 '1,000 = 1,100'이라는 황당한 결론이 나온다.

1,000은 절대로 1,100과 같을 수 없다. 이 때문에 마르크스는 그 사이에 존재하는 차이 100을 합리적으로 해석해야 했다. 우리는 W로 돌아가 상품 자체에서 이 늘어난 100을 해석하는 수밖에 없다. 비교적 간단한 해석은 시간이다. 이전의 W와 이후의 W 사이에 진정한 변화는 일어나지 않았

지만 시간이 변하고 상태도 변해 이에 따라 수요도 변했다는 것이다. 살 때는 W의 전체 수요가 그렇게 높지 않았는데 팔 때는 W의 전체 수요가 높아져, G2가 G1보다 커진 것이다. 다시 말해서 W는 변하지 않았는데 W의 수요 정도를 관할하는 요소가 시간에 따라 변한 것이다.

이것이 시장 경제학의 해석이다. 애덤 스미스는 물론이고 리카도와 맬서스도 읽었던 마르크스는 이 당대 경제학자들의 주장을 어느 정도 섭렵한 상태였다. 이 때문에 그는 이처럼 시간으로 인한 변화를 이해하고 인정했다. 더 나아가 그는 금전이 개입하여 발생시키는 영향도 이해했다. 우리는 원래 상품을 낮은 가격에 대량으로 사들이고, 시장의 부족 현상으로 수요와 가격이 높아지기를 기다렸다가 고가에 팔 수 있다. 이러한 '매점매석'은 금전 개입으로 일어나는 '상품 자본주의'의 효과다.

마르크스는 결코 이런 해석을 부인하지 않았다. 하지만 그는 당시 영국의 산업 발전에서 또 다른 현상을 관찰했고, 이 현상이 '상업 자본주의'보다 중요하다고 생각했다. '산업 자본주의'에 대한 그의 묘사는 여기에서 출발한다.

노동과 자본 쌍방의 불평등 교환

마르크스가 발견한 것은 산업 상태에서 일어나는 상품 W의 변화다. 산업 자본가가 G1을 지불하고 W를 사들일 때는 분산된 방식으로 사들인다. 예컨대 500원짜리 물건을 다섯으로 나누면 각 부분의 가치는 100원이 되고 이를 합쳐 산업 자본가는 총 500원을 지불한다. 그 가운데 100원은 원료이고 다른 100원은 토지 사용료, 나머지는 각각 그 부분에 해당하는 공장 건설비와 기계 가격, 노동력의 가격 등이다. 이 다섯 가지 요소를 합치면 500원어치의 상품이 생산된다.

산업 자본가는 500원을 들여 상품을 사들이지만 이는 물론 자기가 사용하려고 사는 것이 아니라 시장에 내다 팔려고 사는 것이다. 그리고 그가 팔려고 내놓는 가격은 틀림없이 500원보다 높아야 한다. 따라서 이는 전형적인 G-W-G 활동이 된다. 뒤의 G2가 앞의 G1보다 높은 것이다. 그렇다면 그 사이의 차이, 다시 말해서 G2와 G1의 수치 차이는 어디서 오는 것일까?

G-W-G 활동 전체에서 원료 가치는 변하지 않았고 토지 사용료도 변하지 않았으며 공장 건설비와 기계 가격은 이미 지불한 것이라 더더욱 변할 리가 없다. 그렇다면 변할 수

있는 것은 무엇일까? 맨 마지막에 남는 요소, 노동력이다.

마르크스는 이런 방식으로 왜 산업 생산 과정에서 G2에서 G1을 뺀 '잉여 가치'가 노동력에서 오는지를 해석했다. 그가 발견한 것은 생산에서 소비까지의 과정에서 노동력이라는 요소가 비교적 낮은 가격으로 구매되지만 반대로 비교적 높은 가격으로 팔려 G2와 G1이 달라지는 상황이 발생한다는 사실이다.

『자본론』에서는 이 결론만 언급된다. 마르크스의 이론을 더 분명하게 이해하려면 『정치경제학 비판 요강』을 참조해야 한다. 마르크스의 저작 가운데 가장 늦게 출판된 이 책은 1939년에서 1941년 사이에 소련의 '마르크스-엥겔스 연구소'에서 출판되었다. 이 책은 마르크스가 미처 완성하지 못한 정치경제학 수고로서 그 창작 시기는 『자본론』과 겹치지만 논의하는 범주는 『자본론』을 뛰어넘는다.

『정치경제학 비판 요강』에서는 왜 G-W-G의 과정에서 노동력만이 유일하게 증가치를 변동시킬 수 있는지를 설명한다. 첫 번째 이유는 노동력과 노동자는 서로 분리할 수 없기 때문이다. 우리의 논의는 현대 공장 제도이지 노예제와는 관련이 없다. 그러므로 자본가가 구매하는 것은 노동자가 아니라 노동력이다. 하지만 노동력은 노동자에게 있는 것이라

둘을 철저하게 분리하는 것은 불가능하다. 자본가는 노동자로부터 하루에 열 시간 정도의 노동력을 구매하지만 그가 지불하는 가격은 진정으로 노동자가 그 정도의 노동력을 키우는 데 필요한 원가와 대등하지 못하다.

한 사람이 노동자가 되려면 먼저 아이에서 어른으로 성장해야 하고 기본적인 교육과 훈련을 받아야 한다. 당시에 아동 노동이 상당히 보편화되어 있었다 해도 12세의 아동은 먼저 12년을 살아야만 노동력을 제공할 수 있다. 그렇지만 노동자가 제공할 수 있는 노동력을 만들기까지의 그 긴 시간 동안의 원가는 고용주에게 떠넘길 수 없다. 고용주가 열두 살 먹은 아동을 고용할 때 그가 구매하는 것은 아동이 열두 살이 된 이후의 노동력이다.

바꿔 말해 상품의 각도에서 보면 자신의 노동력을 상품으로 내놓는 노동자는 거의 예외 없이 손해를 보는 셈이다. 노동자의 최대 원가는 열두 살짜리 아이로서의 생활에 필요한 것이 아니라 열두 살까지 성장하기 위해 소모된 모든 것의 총합이다.

타이완의 중산층 가정을 예로 들어 보자. 아이 하나를 키워서 학교를 졸업하고 직장에 들어가게 하는 데까지 얼마의 돈이 필요할까? 평균 3억 6천만 원 정도의 돈이 소요된다! 순수하게 노동력의 시각에서 이렇게 아이가 졸업하고 직장에 들어가 받을 수 있는 월급이 얼마나 될까? 보통 80만 원 정도이고 좀 대단한 사람이 기껏해야 100만 원 남짓 받는다. 대체로 100만 원은 받아야 그럭저럭 자기 생활을 유지할 수 있다. 그렇다면 그전에 성장과 교육에 소요된 3억 6천만 원의 원가는 어떻게 한단 말인가? 매달 100만 원을 받는다 해도 1년이면 1,200만 원에 불과해 3억 6천만 원과는 절대로 비례가 맞지 않는다!

노동자가 자본가 고용주와 상대할 때 가장 불리한 것은 자신이 이미 노동자가 되었다는 사실이다. 이미 3억 6천만 원을 들여 자신을 노동자로 만들었다는 사실과 관련하여 우리가 상상할 수 있는 손실은 얼마나 될까? 사람으로서든 노동자로서든 최대의 손실은 생활을 유지할 수 있는 자원을 얻지 못해, 노동을 해도 노동자가 되기 위해 지출한 원가를 회수할 수 있는 기회조차 얻을 수 없다는 점이다.

노동자가 되기 전까지의 거대한 투자는 이제 우리가 고용주와 담판을 지을 때 벗어날 수 없는 짐이 된다. 우리와 고용주는 둘 다 노동력을 팔 수 있는 최저 한계선이 어디쯤 되는지 잘 알고 있다. 이 하한선은 우리의 노동력을 재생산하기 위해 필요한 최저 조건이다. 간단히 말해서 우리가 내일까지 사는 데 필요한 최소한의 요구다.

노동자 모집에 응할 때 우리는 이미 불리한 위치에 있다. 노동자는 고용주가 노동력을 얼마나 필요로 하는지 알지 못하지만 고용주는 노동자가 어느 정도의 임금을 필요로 하는지 잘 안다. 고용주는 노동자의 최저 한계선을 꽉 쥐고 있지만 마찬가지로 노동자가 고용주의 최저 한계선을 안다는 것은 불가능하다.

노동력의 가치를 계산하는 두 가지 방식이 있다. 하나는 노동력이 만드는 총 가치를 계산하는 것이다. 노동자 한 사람이 하루에 100근의 목화를 처리하여 면사를 짤 수 있고 목화를 1,000원에 사들여 1,500원에 팔 수 있다면, 그 노동자는 500원의 상품 가치를 창조하는 것이다. 이는 아주 간단하면서도 합리적인 계산법이다.

또 다른 계산법은 이 노동자가 오늘의 작업을 위해 노동력을 소모한 뒤에 무엇을 먹고 무엇을 마시며 얼마나 쉬어야 내일 다시 공장으로 돌아와 또 다른 100근의 면화를 처리할지를 계산하는 것이다. 그가 창조하는 상품 가치의 양을 보는 것이 아니라 그의 노동력을 재생산하는 데 소모되는 원가를 따진다.

이 두 가지 계산법의 결과는 완전히 다르다. 두 번째 계산법의 결과가 첫 번째 계산법의 결과보다 낮으면 자본가에게는 이익을 취할 수 있는 기회가 주어진다. 그는 노동자에게 두 번째 계산법의 원가를 제공하고 그 대가로 노동자가 창조하는 상품 가치를 차지한다. 그가 겨우 100원의 임금만 지출하여 노동자에게 빵을 먹고 물을 마시며 낡은 잠자리에서 잠을 잘 수 있게만 해 주면 노동자는 기꺼이 그를 위해 100근의 면화를 처리하여 500원의 상품 가치를 가져다준다.

자본가는 노동자가 이처럼 서로 가격이 일치하지 않는 교환을 받아들이리라는 것을 잘 알고 있다. 이 100원의 돈을 벌지 못하면 노동자는 살아갈 수가 없기 때문이다. 이는 장차 더 크고 감당하기 어려운 손실로 다가올 것이다.

G-W-G 과정에 나타나는 가치의 차이는 자본가와 노동자의 불평등한 교환 관계에서 발생한다. 이런 방식으로 노동자가 창출하는 상품 가치가 자본가 주머니 속의 이윤으로 전환되는 것이다.

시대의 진정한 주인: 노동자

자본가와 노동자가 이처럼 불평등한 교환 관계를 성립하고, 자본가가 이런 방식으로 노동력의 '잉여 가치'를 착취할 때 우리는 '자본주의 단계'로 진입한다. 이것이 마르크스가 『자본론』에서 제시한 역사관이다.

화폐는 수천 년 동안 존재해 왔지만 '자본'은 새로운 사회 현상이다. 새로운 사회관계 속에서 전통적인 금전은 '자본'으로 변했다. G-W-G의 과정에서 자본가는 돈을 내고 노동력을 사고 다시 노동력의 성과를 팔아 그 속에 담긴 '잉여 가치'를 취한다. 그러나 노동력이 창출하는 상품 가치는 결국 노동력을 제공한 노동자에게 돌아가지 않고 돈을 낸 사람이 가져간다. 이리하여 이 돈은 '자본'이 된다.

이는 여전히 금전을 통한 매매 교환이다. 하지만 새로운 사회관계에서는 매매에 새로운 이익의 원천이 생겼다. 원료에서 오는 것도 아니고 임대한 토지에서 오는 것도 아니며 공장의 기계 설비에서 오는 것도 아니다. 이익은 오로지 노동력의 가격 차이에서 온다. 노동력은 상품 가치를 창출하지만 노동자가 창출한 상품 가치의 대부분을 가져가는 것은 노동자 자신이 아니라 돈을 낸 자본가다.

마르크스의 '자본'과 '자본주의', '자본주의 시기'가 이렇게 정의되었다는 것은 우리도 쉽게 이해할 수 있다. 아무리 '자본'이라 명명해도 이 새로운 역사 단계는 자본과 노동자의 사회관계 위에 세워져 있고, 그 핵심은 공장과 노동자 사이의 노동관계에 있다. 노동자는 자본가와 대등하게 중요하고, 심지어 더 중요하기도 하다.

이런 노동관계에 구속되는 노동자가 없다면 '자본주의'도 없을 것이고, 노동자가 제공하는 '잉여 가치'가 없다면 금전이 '자본'으로 변하는 일도 없을 것이며, '자본주의'도 '자본주의 시기'도 없을 것이다.

여기서 다시 『공산당 선언』으로 돌아가 노동자와 노동혁명에 관한 격정적 구호와 노동자 혁명이 필연적으로 성공을 거두리라는 예언을 살펴보면 이것이 갑작스럽다는 생각은 들지 않을 것이다. 『공산당 선언』은 주관적 계급 의식, 심지어 계급의 원한에 기초한 교조가 아니며, 사실 그 배후에는 아주 섬세한 이치가 담겨 있다. 노동자가 새로운 시대를 창조한 것은 노동자의 주관적인 동기로 시작된 것이 아니라 노동자의 노동에 대한 공장 제도의 착취가 자본의 이득을 가능하게 만들고 금전을 자본으로 변화시켰기 때문이다.

중요한 것은 노동자 그리고 노동을 핵심으로 하는 노동관계다. '자본'으로 명명된 이 시대는 사실 노동자와 노동력이 있기에 가능한 것이다. 그러나 노동자는 저 아래에서 억압당하고 저 위에 있는 자본가는 노동자가 창출한 이익뿐 아니라 노동자가 창조한 시대의 주도권마저 빼앗아 간다.

이런 상황이 정상적이지 못하고 공정하지 못해 시대를 변화시키고자 한다면 먼저 구조를 바꾸어야 한다. 그러니까 노동자와 자본, 자본가 사이의 관계를 바꾸어야 한다. 불공평한 착취가 없다면 자본의 이득도 없을 것이고 금전을 원래의 수단, 즉 일상생활에서 가치를 중개하는 도구로서의 본질로 환원시킬 수 있을 것이다.

자본은 금전의 '소외'다. 원래는 수단에 불과했던 금전은 지나치게 팽창하면서 더 이상 상품의 교환을 중개하지 않고, 그 대신 상품을 조종하고 나아가 상품 배후의 노동력을 조종하는 불합리한 권력을 갖게 되어, 노동자의 '잉여 가치'를 빼앗아 자본 자체의 이익만 만들고 있다.

'자본주의 시대'에 눈을 가장 어지럽게 만드는 것은 기고만장한 자본가이지만 그들은 어디까지나 노동자에게 기대야 존재할 수 있다. 노동자 없이는 자본도 있을 수 없고 자본가는 더더욱 존재할 수 없다. 『자본론』은 '상품'에서 논의를 시작하여 곧장 관심을 노동자와 공장 제도에 관한 토론으로 전환하여 노동 생산력과 노동 강도, 노동 일수, 임금 등을 검증하고 노동자가 바로 자본주의의 기초임을 증명한다.

19세기 유럽은 천지가 뒤바뀌는 엄청난 변화를 경험했다. 모든 사람이 이 거대한 변화를 체감했고 이 변화를 정의하고 이해하지 않으면 안 된다는 강한 압력을 느꼈다. 마르크스도 이 거대한 변화를 이해하고 묘사할 수 있는 방법을 찾아냈다. 다른 사람들과 마찬가지로 그는 귀족 체제에 복종했던 과거의 중산 계급이 프랑스 대혁명 이후 빠르게 성장하여 불과 몇십 년 만에 사회 지배자의 위치를 차지하고 빛나는 자본가로 변신하는 것을 목격했다. 그렇지만 그는 자본가의 가치관으로 그 시대의 관점을 묘사하는 데 만족하지 못했다. 그는 좀 더 깊이 파고 들어가 자본가의 빛나는 겉모습 뒤로 어두운 공장에서 일하는 노동자의 모습을 드러냈고 심리적, 개념적, 수사적으로 노동자를 이 시대의 진정한 주인으로 묘사하려 했다. 노동자는 피와 땀으로 이 시대를 창조했으면서도 역사의 그림자에 가려져 있다는 것이 그의 생각이었다.

4

계급 의식의 확립과 착취로부터의 탈피

노동자는 반드시 자신만의 경제학을 가져야 한다. 자본가는 아주 오래전부터 일찌감치 자신의 경제학을 가지고 있었고, 이 경제학을 이용하여 노동자를 미혹해 왔으며, 더 나아가 노동자의 '노동 가치'를 착취했기 때문이다. 노동자가 이런 경제학을 받아들이고 순순히 그 노동 가치에 대한 자본가의 정의를 받아들인다면 '착취'는 당연하게 여겨질 것이고 노동자는 결국 착취에서 벗어날 기회를 잃을 것이다.

레닌과 월러스틴의 전진

마르크스가 남긴 서신 자료를 토대로 우리는 『자본론』
의 저술이 시작된 시기가 1845년까지 거슬러 올라간다는 사
실을 알 수 있다. 그해에 그는 출판사와 『정치경제학 비판
을 위하여』라는 제목의 책을 출판하기로 계약을 맺었다. 이
때부터 1887년 세상을 떠날 때까지 마르크스는 가족과 친구,
출판사 등과 서신을 주고받으면서 항상 그 책이 곧 완성될
것이라고 예고했다.

40여 년 동안 '곧 완성된다.'라고 했지만 실제로 원고 입

고는 계속 늦춰졌다. 이에 대해 우리는 마르크스가 성실하지 못했다고 비난해서도 안 되고 밥 먹듯이 거짓말을 했다고 질책해서도 안 된다. 그가 정말로 그 책을 쓰려고 연구와 사유, 글쓰기를 진행했으며 여러 차례 일부 원고를 보내려 했다는 사실을 입증하는 증거가 무수하기 때문이다.

마르크스가 열심히 글을 쓰면서도 줄곧 책을 출간하지 못한 주요 원인 가운데 하나는 그가 연구자이자 저술가일 뿐 아니라 혼란했던 유럽 혁명 시기의 행동가라는 사실이다. 출판 계약서에 서명하고 나서 얼마 지나지 않아 발발한 1848년의 프랑스 '2월 혁명'*은 그뿐 아니라 유럽 전체의 지식인에게 큰 충격이었다. 이에 마르크스는 '국제노동자협회'**를

---

* 1848년 2월, 프랑스에서 국왕 루이필리프 1세를 폐위시키고 프랑스 제2공화국을 세운 혁명이 일어난 후 혁명의 물결은 유럽 전체를 휩쓸었다. 같은 해 3월에는 오스트리아 제국을 포함한 독일 연방의 각국에서 봉건 전제 정부에 반대하고 입헌 제도의 실시를 주장하는 일련의 시위와 무장 투쟁이 일어났다. 이미 2월의 프랑스 혁명에 참여했던 마르크스 역시 이 시기에 엥겔스와 함께 독일로 돌아와 프롤레타리아 계급의 봉기를 호소하는 한편, 6월에 『라인 신문』을 창간하여 유럽 각국의 혁명 운동을 성원했다. 나중에 각국의 혁명 세력은 프로이센군을 중심으로 하는 군대에 속속 진압되었고 그 이듬해 마르크스도 프로이센 정부로부터 추방 명령을 받아 런던으로 망명했다.
** 정식 명칭은 '국제노동자협회'(International Workingmen's Association)이나 줄여서 '인터내셔널'이라고 부르기도 한다. 1864년에 영국, 프랑스, 독일, 이탈리아 등 4개국 노동자 대표가 런던에서 회의를 열어 설립했다. 마르크스는 독일 노동자를 대표하여 이 조직에 참여했다. 1871년에 프랑스 지부가 파리 코뮌 기의에 참가하여 지도적 역량을 발휘했지만 파리 코뮌의 실패로 조직이 갈수록 무력해지다가 1876년에 결국 해산되고 말았다. 역사

조직하는 등 혁명 활동을 펼치기 시작했고, 이 일은 당연히 그에게서 많은 시간과 정력을 빼앗아 갔다.

또한 마르크스가 가장 먼저 종사했던 업종은 신문 기자였다. 그에게 어떤 직업 경력이 있느냐고 묻는다면 신문 기자를 했다고 대답할 것이다. 그는 현실을 관찰하고 소식과 사건에 대해 즉각적인 반응을 보이는 동시에 보도 기사를 써야 했다. 이 일이 그에게 남은 얼마 안 되는 시간과 정력마저 빼앗아 가 버렸다. 더 중요한 것은 혁명 활동이든 현실 비판이든 간에 이러한 경험이 유럽 내지 세계 전체의 경제에 대한 그의 견해에 직접 영향을 미치면서 그가 원래 책에 써넣기로 한 내용을 조정하고 첨삭하게 되었다는 사실이다.

그는 극도로 복잡한 자신의 사상을 간단한 개념이나 언어로 서술할 수 없었고, 항상 표면 현상에 대한 탐구가 아직 충분히 깊지 못하고 서술도 아직 완전하지 못하다고 느꼈다. 『자본론』의 출판 과정은 어쩌면 우리에게 이 책을 어떻게 대해야 하는지를 알려 주고 있는지도 모른다. 이 책은 대단히 총명하고 복잡한 두뇌가 40여 년의 세월에 걸쳐 발전시켜 온 하나의 체계다. 처음에는 몇 개에 불과했을지 모르는 핵심 개념이 기나긴 시간 동안 끊임없이 확장되고 발전되었다. 그러므로 이 몇 개의 핵심 개념을 찾아내면 『자본론』의 방대하

<hr>

적으로는 이를 '제1인터내셔널'이라 칭한다. '제2인터내셔널'은 1889년에 파리에 설립된 '사회주의 인터내셔널'을, '제3인터내셔널'은 1919년에 레닌의 주도로 소련 공산당이 모스크바에 설립한 '코민테른'을 가리킨다.

고 복잡한 내용 전체를 이해하는 데 큰 도움이 된다.

첫 번째 핵심 개념은 앞에서도 설명한 바 있는 '자본'과 '자본주의', 두 번째는 '임금 노동', 세 번째는 '토지 사유제', 네 번째는 '국가', 다섯 번째는 '국제 무역', 여섯 번째는 '세계 경제'다. 이 여섯 가지 주요 개념은 1845년부터 1887년까지 줄곧 마르크스의 머릿속을 맴돌고 있었다.

마르크스는 세상을 떠날 때까지 '자본'과 '임금 노동'이라는 두 개의 커다란 부분에 대한 기본적인 탐색과 분석을 마무리했다. 그러나 '토지 사유제'는 시간이 부족해 앞의 두 가지 개념만큼 충분히 다루지 못했다. 마르크스는 자본주의 사회가 자본가와 노동자, 지주라는 세 계급으로 구성된다고 주장했다. 그는 자본가와 노동자를 분석했다. 물론 지주도 분석하고자 했다. 특히 지주가 의존하는 '토지 사유제'라는 사회 제도를 분석하고자 했다. 하지만 이를 완성할 시간이 없어 그저 단편적인 사고의 기록만 남겼다.

마르크스가 살았던 시간과 공간은 19세기 유럽이다. 민족 국가가 형성되기 이전이었다. 당시의 유럽인은 20세기 이후에는 당연한 것으로 여겨지는 국가의 개념을 아직 갖추지 못했다. 이 때문에 그들은 국가를 뛰어넘는 시각을 갖고 있었고 그들에게는 국가의 의미가 후대 사람처럼 고정적이고 필연적이지 않았다.

자본과 노동자, 토지 사유제를 겨냥한 관련 논의는 마르크스의 '경제 비판'으로, 국가는 '경제 비판'과 '정치 비판'을 연결하는 핵심 고리였다. 그는 '경제 비판'의 각도에서 당시의 다변적인 국가 관념을 새롭게 묘사하고 정의했다. 그런 다음 국가를 기초로 한 걸음 더 나아가 국제 무역과 세계 시장을 논했다.

마르크스는 자신의 책에서 국제 무역의 중요성을 자주 언급했다. 따지고 보면 영국의 신속한 산업화를 촉진하여 생산량에 따라 수입을 얻는 장인을 대신해 임금 노동자가 주요 생산 역량으로 자리 잡게 한 것도 영국 방직품의 해외 시장이었다. 유럽의 자본주의화는 국제 무역이라는 조건 아래서 이루어진 것이다.

그렇지만 마르크스는 국제 무역과 세계 시장에 대한 자신의 생각을 분명히 밝힐 여유가 없었다. 이 분야에서는 레닌이 마르크스의 이론을 보충하는 중요한 의견을 낸 바 있다. 소련에서는 마르크스주의가 '마르크스-레닌주의'로 변했다. 레닌의 공헌은 주로 두 가지로 요약된다. 하나는 혁명 이론이다. 특히 '영구 혁명론'은 '프롤레타리아 독재' 과정에서 공산당의 역할과 기능을 확고히 한다. 다른 하나는 제국주의와 자본주의 사이의 관계를 해석한 것이다.

레닌은 '제국주의가 자본주의 발전의 최고 단계'라고 주장했다. 그의 생각에 따르면 자본주의의 생산 방식은 이에 상응하는 '상부 구조'를 만들어 국가와 정부마저도 이러한 생산 방식 메커니즘에 맞도록 변화시킨다. 국가의 목석이 자본과 자본가의 이익을 위해 복무하는 것으로 바뀌고, 국가의 힘으로 국내 자본을 위해 염가의 노동력과 보다 넓은 시장을 찾게 되며, 이러한 방향이 결국 '제국주의'를 형성한다. 다시 말해서 자본주의 논리가 국가와 국제 무역의 차원으로 확대되면 '제국주의'의 동력이 된다는 것이다.

이것이 마르크스의 국가 및 국제 무역 이론에 대해 레닌이 보충한 내용이다. 세계 시장 부분에서는 다시 반세기가 지난 1970년대가 되어서야 월러스틴*이라는 학자가 나타나 '세계 체제'라는 이론을 제시한다. 자본 시장의 분업과 권력의 통제에 따라 세계가 계층적 '중심 - 주변' 체제로 분화되었다는 것이 그의 중심 이론이다. 이를 통해 마르크스로 시작된 세계 시장 논의는 완전한 모습을 갖추게 되었다. 시간적으로 『자본론』이 세상에 나오고 마르크스가 세상을 떠난 후

---

* 이매뉴얼 월러스틴(Immanuel Wallerstein, 1930~)은 미국의 사회학자, 사학자, 경제학자이자 정치학자이다. '세계 체제론'의 주요 대표 인물 가운데 하나이며 당대 사회과학 다학제종합연구의 창시자이기도 하다. 2000년에 미국 사회학회에서 '20세기 미국의 가장 위대한 사회학자'로 선정되었다. 『근대세계체제』와 『지식의 불확실성』, 『우리가 아는 세계의 종언』 등 다수의 저서가 있다.

거의 100년이라는 세월이 지났을 때의 일이었다.

우리는 마르크스가 충분히 오래 살아서 계속 국가와 국제 시장, 세계 시장에 관한 이론을 발전시켜 나갈 수 있었다면 그의 견해가 레닌이나 월러스틴과 어느 정도의 거리를 보였을지 알 도리가 없다. 하지만 지식상의 추론을 통해 레닌과 월러스틴이 제시한 이론이 모두 진지하게 마르크스가 제시한 자본 및 자본주의 관념을 출발점으로 하여 당시 그들이 보았던 (그러나 마르크스는 미처 보지 못했던) 현실을 귀납하고 연역했음을 분명하게 알 수 있다. 다시 말해서 레닌과 월러스틴은 확실히 둘 다 마르크스 이론을 계승해 발전시켰다.

자본가가 열심히 자본의 이득을 추구하는 것은 자본주의의 거의 맹목적인 동력이다. 그러므로 유럽 이외의 지역에 더 유리한 노동과 시장 조건이 존재한다는 것을 자본이 알아차리지 못할 리 없다. 특히 식민지 형식으로 통치하는 지역은 보다 저렴하고 재생산 비용이 싼 노동력과 경쟁 상대가 없는 시장을 제공할 수 있다. 자본과 자본가는 당연히 자신들이 통제하는 국가 기구를 가동하여 이러한 이익을 개발할 것이다. 이것이 '제국주의'에 대한 레닌의 기본적 견해다.

월러스틴은 산업화 사회에서 프롤레타리아와 자본가라

는 양극 분화에 대한 마르크스의 묘사를 산업화 이후의 세계 체제 전체에 적용한다. 이 체제 안에서 가장 현란하고 눈길을 사로잡는 현상도 바로 이 양극 분화다. 일부 국가나 지역은 착취자가 되고 나머지 국가나 지역은 무력한 피착취자가 된다. 이익은 끊임없이 '주변'에서 '핵심' 쪽으로 흡수되면서 갈수록 더 불평등한 차이를 유발한다.

이 모든 것들이 마르크스 사상의 중요한 확장으로, 우리가 마르크스 사상의 원래 구조가 얼마나 방대하고 복잡한지 이해하는 데 큰 도움이 된다.

'마르크스주의자'의 도움으로 사상의 지도를 채우다

마르크스가 여섯 가지 중요한 논의의 방향을 설정하긴 했지만 『자본론』에서 그는 자본과 임금 노동에 대해서만 겨우 상세하게 논의할 수 있었다. 그는 『자본론』 이외의 지면에서 보다 전면적인 개론을 쓰려고 시도했지만 결국 완성하지 못했고, 그 내용을 정식으로 『자본론』에 집어넣지도 못했다. 그 내용은 마르크스가 세상을 떠난 후 반세기가 지나서야 『정치경제학 비판 요강』이라는 책으로 세상에 나올 수 있었다.

『자본론』은 '상품'으로 시작해 제3장에 이르러 '잉여 가치'를 논하기 시작한다. 이 개념이 대단히 중요하다고 생각했던 마르크스는 책의 원고 여백에 철저하고 전면적인 사유를 펼치며 '잉여 가치'에 대해 따로 필기했고, 이 필기는 그 자리에서 금세 3천 쪽에 이르렀다. 우리가 오늘날 읽을 수 있는 『자본론』 제3장에서 말하는 '잉여 가치'와 '상대적 잉여 가치', '절대적 잉여 가치' 등의 개념은 사실 가장 간소화한 요약에 지나지 않는다.

나중에 마르크스 이론의 중요한 후계자인 카우츠키*는 3천여 쪽에 달하는 이 거대한 분량의 수고를 정리한 『잉여 가치 학설사』를 마르크스의 유작 형식으로 출간했다. 이 책이 때때로 『자본론』 제4권으로 인식되는 탓에 『자본론』이 전부 3권인지 4권인지 서로 다른 견해가 오가기도 한다.

이런 과정을 보면 마르크스의 사상 체계가 그 자신도 미처 완성할 수 없고, 심지어 정리할 방법조차 없을 정도로 방대하다는 사실을 알 수 있다. 이는 그의 커다란 결점이자 이

---

* 카를 카우츠키(Karl Kautsky, 1854~1938)는 독일의 마르크스주의 이론가이자 철학자인 동시에 행동가다. 체코 프라하에서 태어나 1885년에 런던으로 가 엥겔스와 친분을 쌓았다. 1891년에 독일로 간 뒤 독일 사회민주당의 핵심 인물이 되었다. 엥겔스가 1895년에 사망하자 그의 뒤를 이어 마르크스의 유고를 정리하며 마르크스주의 이론의 정통 후계자로 평가되었다. 1922년부터 1924년까지 바이마르 공화국에서 요직을 역임한 바 있고 만년에는 나치의 박해를 피해 독일을 떠났다가 결국 가난을 이기지 못하고 암스테르담에서 객사했다.

마르크스 이론의 중요한 후계자인 카우츠키는 3천여 쪽에 달하는
마르크스의 수고를 정리한 『잉여 가치 학설사』를 마르크스의 유
작 형식으로 출간했고, 이 책은 때때로 『자본론』 제4권으로 인식
된다.

상하게도 그의 이론이 사람들에게 큰 흡인력을 갖는 요인이기도 하다. 그는 수많은 문제를 제기했지만 제때 완성된 해답을 내놓지는 못했다. 그가 제기한 문제들이 전부 온전한 해답을 얻었다면 마르크스의 사상은 아마도 후세에 그렇게 큰 영향을 미치지 못했을지 모른다. 그는 수많은 사람이 자신의 길을 따라 논의하고 논쟁하도록 자극했다. 또한 자기 생전에는 사상의 지도에 간단한 그림만 그리고 직접 탐색할 여유가 없었던 여러 영역을 후대 사람들이 능력을 발휘할 수 있도록 가능성을 열어 주었다.

이 때문에 마르크스와 그의 이론을 계승한 '마르크스주의자'를 구분하는 일은 극도로 어렵다. 마르크스 자신이 설계한 방대한 계획의 구체적인 내용에는 '마르크스주의자'의 보충이 필요했다. '마르크스주의자'들은 이미 생전에 마르크스 자신이 통제할 수 있는 대상이 아니었다. 이 때문에 마르크스도 유감스럽다는 듯이 자조 섞인 어투로 "나는 마르크스주의자가 아니다."라고 말했던 것이다. 이는 진퇴양난의 곤경이다. 마르크스 본인의 저작만 읽으면 중간에 빈틈이 너무 많고, 불안한 억측과 섣부른 결론은 더 많다. 사람들을 완전히 설득할 수 있는 체계가 아닌 것이다. '마르크스주의자'들이 나중에 보완한 설명이 더해져야 마르크스 사상 체계의 내재적 연결이 뚜렷하게 보이고, 이 체계의 세계관이 가져다주는 충격을 느낄 수 있다. 그러나 마르크스 사상에 대한 '마르크스주의자'들의 설명을 많이 읽다 보면 종종 각 견해 사이의 모순과 충돌이 발견돼 마르크스의 사상 체계에 대한 인식에 혼란이 인다. 자칭 '마르크스주의자'라고 하는 사람들의 모든 이론과 견해를 취합해 보면 도대체 마르크스주의가 무엇인지 확실하게 분간하기가 어렵다.

나는 먼저 마르크스의 저작에서 몇 가지 핵심이 되는 개념과 용어를 찾고 그 개념과 용어를 충분히 파악한 다음, 이를 기초로 수많은 '마르크스주의자'의 견해를 검증하는 방법을 제안한다. 그래야 비교적 쉽게 정확한 판단을 얻을 수 있고, 그 속에서 마르크스 사상을 발전시키고 해석할 수 있으며, 다른 저자 개인이나 시대, 사회가 만들어 낸 잡다한 편견을 배제할 수 있다.

시장 경제학의 '수요와 공급' vs
마르크스 경제학의 '착취'

수많은 마르크스주의자와 마르크스 본인 사이의 거리는 몇 가지 개념과 용어만으로도 알 수 있다.

첫 번째 개념은 '착취'로서 자신에게 속하지 않은 물건을 점유하는 것을 말한다. 마르크스는 이런 개념을 사용하면서 더 깊은 함의를 부여했다. 피착취자의 각도에서 '착취'를 해석한 것이다. 어떤 사람이 자신이 받아야 하는 것보다 더 적게 받았다면 여기에는 필시 '착취'가 존재할 것이며, 그에게 귀속되어야 할 것을 다른 사람이 부당하게 가져갔음을 의미한다.

마르크스가 가장 큰 관심을 가졌던 것은 노동의 결과다. 노동자가 생산한 노동의 결과 가운데 일부 또는 전부가 그에게 귀속되지 않는다면 이는 '착취'다. 마르크스 경제학에서는 '착취'를 고려 대상에 두고 노동의 결과로 얻을 수 있는 보수를 산출하여 이 응당한 보수와 실제 소득 사이에 어떤 차이가 있는지를 따진다. 이것이 바로 마르크스 경제학과 시장 경제학의 가장 근본적인 차이다.

시장 경제학에서는 노동력을 시장에 두기 때문에 수요와 공급, 가격만 있지 '착취'는 있을 수 없다. 임금은 수요와 공급의 관계에서 결정되는 것이라 공급이 수요보다 많으면 임금이 낮아지고 수요가 공급보다 많으면 임금이 높아진다. 임금은 수요와 공급의 변화에 따라 끊임없이 변동하되 일정한 기준이 없어 '착취'에 대해서도 논의할 도리가 없다. 수요와 공급의 상호 작용 말고는 한 노동자가 받는 임금의 합리성 여부를 판단할 수 있는 기준이 없는 것이다.

시장 경제학의 논리는 수요와 공급의 상호 작용을 통해 가장 바람직하고 효율적인 자원 운용 방식을 찾을 수 있다는 것이다. 오늘 아주 욕심 많은 고용주가 성실하게 일하는 노동자 한 명이 하루에 빵 200개를 만드는 것을 보고서도 그에게 빵 10개에 해당하는 임금만 주었다고 가정해 보자. 그러면 나머지는 전부 고용주의 이윤이 된다. 이런 방법이 합리적일까? 시장 경제학에서는 꼭 그렇지는 않고 반드시 그 시간, 그 자리에서의 노동의 수요와 공급을 따져 봐야 한다고 대답한다.

그럼 어떻게 알 수 있을까? 빵 10개에 해당하는 임금이 너무 낮다면 바로 옆에 있는 다른 빵집에서 재빨리 빵 15개에 해당하는 임금을 제시하면서 스카우트하려 들 것이고, 물론 노동자도 이러한 임금을 받아들이고 직장을 옮기려 할 것이다. 그 노동자의 노동이 그렇게 대단한 가치를 가지고 있는 것을 보고 맞은편에 있는 또 다른 빵집에서 당장 임금을 빵 50개에 해당하는 수준으로 높여 주기로 결정하면 노동자는 다시 직장을 옮긴다. 하지만 새 직장의 주인은 오래지 않아 이웃 마을에 그보다 더 능력이 뛰어난 노동자가 있고, 빵

30개에 해당하는 임금에 동일한 노동 서비스를 제공하길 원한다는 사실을 알고는 이웃 마을의 노동자를 데려오기로 마음먹는다. 이 일을 알게 된 원래의 노동자는 직장을 잃을 것이 두려워 자발적으로 빵 30개에 해당하는 임금만 받겠다고 말한다.

임금은 이렇게 수요와 공급을 조정하는 과정에서 상승과 하락을 반복하면서 동적 평형 상태를 찾는다. 우리는 빵 10개에 해당하는 보수가 불합리하다고 단언할 수도 없고 빵 50개에 해당하는 보수가 불합리하다고도 할 수 없다. 그저 최종 임금이 빵 30개에 해당하는 수준에 멈추게 된다면 이러한 보수가 그 시기, 그 지역의 노동력 수요 및 공급 상황에 적합한 것이라고 말할 수 있을 뿐이다.

마르크스 경제학의 시각에서 보면 시장 경제학에는 부조리한 점이 있다. 존재하는 모든 것이 합리적이며, 시장의 공급과 수요라는 시스템 말고는 시장을 검증할 수 있는, 특히 가격을 검증할 수 있는 다른 기준이 없다. 순수하게 시장의 각도에서 보면, 튤립 한 송이를 노동자 한 사람의 일 년 수입에 해당하는 가격으로 판다고 해도 사고자 하는 사람이 있는 한 불합리하지 않다. 노동자 한 사람의 월급이 매일 간신히 빵만 먹을 수 있는 수준으로 떨어질 때, 이런 월급으로 노동을 제공하고자 하는 사람이 있기만 하다면 역시 불합리하지 않다. 이 모든 것이 수요와 공급의 상호 작용의 결과이기 때문이다. 모든 것은 시장에서 결정되고 시장이 바로 그 자체의 기준이다.

한 가지 아주 간단한 현상을 살펴보자. 한 남성 직원이 어떤 직위에서 일을 하는데 같은 직위에서 같은 내용의 일을 하는 여성 직원보다 임금을 15퍼센트 더 받는다면 이를 합리적이라고 할 수 있을까? 시장의 입장에서 보면 우리는 이런 결과를 불합리하다고 비판할 수 없다. 이는 사회적으로 남성 노동자에 대한 수요가 여성 노동자에 대한 수요보다 높다는 사실을 반영하고 있을 뿐이기 때문이다. 또는 반대로 사회적으로 여성 노동자의 공급이 남성 노동자보다 많기 때문이라고 말할 수도 있을 것이다.

우리가 이런 상황을 불합리하다고 느끼면서 "어떻게 같은 노동에 다른 보수를 줄 수 있느냐!"라고 분노한다면 이는 우리가 같은 노동에는 반드시 같은 보수가 주어져야 한다고 믿는다는 의미다. 또한 노동에는 내재 가치가 존재하고 같은 노동에는 같은 내재 가치가 존재하므로 다른 보수를 받아선 안 된다고 믿는다는 뜻이다. 그렇다면 우리는 시장 경제학의 원칙을 부정하고 마르크스식 사고방식을 긍정하는 셈이 된다.

　마르크스는 노동의 기본 가치라는 개념을 확고하게 견지했다. 노동의 가치를 어떻게 평가하느냐 하는 것은 대단히 복잡한 문제다. 마르크스도 수많은 변수가 서로를 증명해 주는 공식으로 노동 가치를 계산하려 한 바 있다. 하지만 가장 중요한 것은 노동 가치가 현실의 임금과 결코 같지 않다는 점이다. 현실의 임금이 노동 가치보다 적다면 여기에는 곧 '착취'가 나타나고 착취는 논의를 통해 해결해야 하는 문제다. 이것이 마르크스의 근본 신념이다.

　앞에서 얘기한 빵집의 사례로 돌아가 보자. 이 노동자는 하루에 빵 200개를 만든다. 만일 빵과 빵집의 총원가가 빵 100개의 값과 같을 경우, 마르크스의 시각에서 보면 이는 노동자가 빵 100개에 상당하는 노동 가치를 창조한 것이니 그가 받아야 하는 임금은 빵 100개에 해당하는 금액이 되어야 한다. 따라서 빵집 주인이 실제로 그에게 주는 임금이 빵 100개의 가격보다 낮다면 여기에는 '착취'가 발생한 것으로, 노동자의 노동 가치 일부가 빵집 주인의 주머니 속으로 들어간 셈이 된다.

　시장 경제학의 의도는 임금이 어떻게 결정되는지를 해석하는 것이고, 마르크스 경제학의 목적은 임금의 합리성을 평가하고, 나아가 '착취'의 문제를 해결하는 것이다.

시장 경제학은 '착취'를 부인하는 반면, 마르크스 경제학은 '착취'가 자본주의 사회의 가장 큰 특징이라고 주장한다.

공정한 '보이지 않는 손' vs 인위적인 '조작'

또 한 가지 중요한 검증 개념은 '조작'이다.

애덤 스미스 때부터 시장은 '보이지 않는 손'으로 표현되었다. 이 비유에는 신학적 연원이 있다. '보이지 않는 손'은 신의 손을 가리킨다. 인간의 눈에는 보이지 않지만 신은 스스로 지혜와 논리가 있어 당신의 의지에 따라 모든 일들을 타당하게 계획하고 조종한다.

시장은 신을 대신하여 우리를 위해 경제적인 일들을 조종한다. 따라서 시장도 신과 같은 신비한 능력을 갖고 있고 개인의 의지보다 높은 지혜와 이성을 갖추고 있다. 시장은 우리에게 보통 사람은 설계할 수도 없고 완성할 수도 없는 인간의 질서를 부여한다.

이처럼 여러 방면의 수요와 공급을 조율하여 평형을 찾아 주는 '보이지 않는 손'이 애덤 스미스 이후로 수많은 경제학자의 마음속에 존재해 왔다. 하지만 이것이 일상생활에서 구체적으로 실현되었을까? 적어도 마르크스에게 시장과 시장의 운용은 교환 및 교환 행위와 같은 일이 아닐 뿐 아니라, 심지어 본질적으로 서로 모순되었다. 현실에서 우리는 시장을 부자유하고 불평등하게 만드는 갖가지 힘을 배제할 수 없다.

1850년 한 해 내내 마르크스는 대영 박물관의 도서관 열람실에서 열심히 책을 읽었다. 마르크스가 남긴 기록을 통해 우리는 그해에 그가 어떤 책을 읽었는지 알 수 있다. 일 년 동안 그는 80명의 저자가 쓴 책을 읽었다. 그 가운데 절대 다수가 경제 관련 서적이었다. 그는 대영 박물관에 소장된 애덤 스미스와 리카도 관련 책을 하나도 빠뜨리지 않고 읽었다. 그가 진지하게 연구하여 내놓은 이론 분석을 살펴보면 그가 애덤 스미스와 리카도, 시장에 대한 그들의 견해를 이해하지 못했다고 말하기 어려울 것이다.

마르크스는 그들을 충분히 이해했다. 그렇지만 그들이 말하는 시장은 일종의 신화이고 애덤 스미스와 리카도는 신화를 만든 사람일 뿐이라고 보았다. 그들이 말하는 시장 논리에 맞서, 마르크스는 어떠한 상상이나 허구의 성분도 들어가 있지 않은 자신의 견해가 '과학적'임을 확신했으며 자신의 이런 태도를 굽히지 않았다. 마르크스는 애덤 스미스와 리카도가 제시한 경제 논리를 부정하거나 이에 도전하지 않았다. 하지만 그에게 이들의 이론은 현실이 아니라 상상에 기초하여 세워진 경제 논리일 뿐이었다.

중요한 것은 현실에서는 이처럼 이상화된 시장이 존재하지 않고 항상 각양각색의 힘이 끼어들어 시장의 조작에 개입한다는 사실이다. '조작'이라는 단어의 원래 뜻은 사물을 정해진 궤도에서 벗어나 다른 방향으로 가게 하는 것이다. 오늘날 방대한 자료와 지식을 축적한 우리는 마르크스가 처음에 했던 생각을 좀 더 분명하게 말할 수 있다. 예를 들면 이런 것이다. 시장 운용은 상당 부분 정보에 의존하기 때문에, 어떤 사람이 어디에서 어떤 가격으로 어떤 물건을 사는지 알고 있거나 상품이 현재 혹은 미래에 어떤 기능을 갖추거나 어떤 효과를 발휘할지 알고 있다면, 우리의 행위에 직접 영향을 미치거나 행위를 변화시킬 수 있다. 교환할 때 모든 사람이 할 수 있는 '이성적 결정'은 사실 상당한 제한을 받는다. 누구나 자신이 확보한 정보에 따라 결정을 할 수밖에 없으므로 전면적이지도 못하고 완전하지도 않은 정보는 당연히 불완전한 결정을 내리도록 이끈다. 불완전한 '이성적 결정'을 어떻게 합리적이라고 할 수 있겠는가? 하지만 모든 정보를

다 모은 다음에 결정을 내릴 수 있는 사람이 어디 있겠는가?

자인Sein에 입각하여 말하자면, 누구나 시장에 진입하면 코끼리 다리를 만지는 장님이 된다. 그저 부분적인 이해에 따라 용기를 내서 가격을 결정하는 것이다. 충분히 이성적인 조건도 없고 애덤 스미스가 말한 '보이지 않는 손'도 없다. 졸렌Sollen에 입각하여 말한다 해도 시장은 완전히 이성적일 수 없다. 그 안에 인위적인 조작의 가능성이 너무나 많기 때문이다.

마르크스는 특히 졸렌의 문제에 주목했다. 그는 자신의 도덕적 경향으로 인해 시장이 실제로는 이성적이지도 못하고 평등하지도 않다는 사실뿐 아니라, 실제로는 시장이 거짓된 가치 시스템일 뿐이라는 것도 알게 되었다. 시장에는 갖가지 유혹과 사기가 가득해 사람들이 모든 것의 진실한 모습을 볼 수 없다. 우리가 애덤 스미스의 견해를 받아들인다면 시장이 항상 '보이지 않는 손'의 공평한 관리 아래 있다고 믿어야 한다. 하지만 그랬다가는 쉽게 속임을 당할 것이다.

『자본론』의 가치 이론은 한편으로는 가치를 평가하는 '정확한' 법칙을 제시하고, 다른 한편으로는 시장 신화의 허위를 깨뜨려 시장이 결정하는 가치가 우리에게 어떤 불공정한 손실을 가져다주는지 분명히 보여 준다.

모든 가치의 근원: 노동

오늘날 우리는 『자본론』을 읽으면서 분량이 너무 많고 난해하다는 느낌을 받을지도 모른다. 하지만 우리 모두가 기억해야 할 사실은 마르크스 본인은 시종 『자본론』을 아주 간단하고 통속적인 교과서로 생각했다는 것이다. 최대한 분명하고 이해하기 쉽도록 쓰기 위해 그는 상당한 복잡성을 희생했고 원래 공책에 써넣었던 적지 않은 사유의 기록도 이 책에는 집어넣지 않았다.

마르크스는 『자본론』을 모든 노동자가 쉽게 이해할 수 있는 책으로 만들어 그들의 의식을 일깨우고 개조할 작정이었다. 이 때문에 그의 글쓰기는 최대한 관념적인 서술과 전개를 피하고 전략 형성에 주력했다. 다시 말해서 자신이 원래 공책에 적으며 구상했던 난삽한 개념을 이 책에서는 효과적으로 노동자를 움직일 수 있는 내용으로 고쳐 썼던 것이다.

마르크스는 노동자에게 '노동 가치'를 이렇게 설명했다. "여러분은 자신의 가치와 자신의 노동력의 가치가 얼마나 되는지 알아야 한다. 그러나 각양각색의 현란한 주장이 여러분의 눈과 생각을 흐리고 있다. 여러분의 생각을 흐리는 것은 이 체계가 여러분의 생각을 조작하는 수단 가운데 하나다. 따라서 여러분의 머리를 냉철하게 함으로써 원점으로 돌아와 간단한 기본 원리를 확실하게 파악해야 한다."

이 기본 원리가 바로 '노동이 모든 가치의 근원'이다. 노동하는 인간, 생산하는 인간이 없다면 어떤 영역에서든 가치 있는 성과를 만들어 내지 못한다. 이는 깨뜨릴 수 없는 진리이고, 이 진리는 온갖 귀신의 유혹으로 가득한 어두운 밤중에 마음 놓고 길을 걸을 수 있게 해 주는 횃불이다. 마르크스는 노동자가 이처럼 간단한 원리로 가치를 평가하고, 이에 의지하여 시장 가격 및 '교환 가치'가 조성하는 혼란으로부터 벗어나는 동시에 타인의 조작을 피할 수 있도록 교육하려 했다.

'노동이 모든 가치의 근원'이라는 원칙은 순진할 정도로 간단하다. 마르크스도 이처럼 간단한 원리로는 모든 것을 해석할 수 없다는 사실을 모르지 않았다. 하지만 사실 그의 목적은 복잡한 조작 아래서 자신의 노동 가치를 낮게 평가하고, 심지어 자신에게 노동력의 가치를 이해하고 주장할 권리가 있다는 사실조차 모르는 노동자에게 자기 평가의 기회를 주는 데 있었다.

마르크스는 노동자에게 이렇게 말했다. "남들이 여러분

의 노동 가치가 1,000원이라고 말하면 절대로 예전처럼 아무 생각 없이 그 말을 그대로 믿지 말고 우선 '노동 가치설'로 자신의 노동이 창출할 수 있는 가치의 총액이 얼마인지 따져 보라. 여러분의 손에 들어온 원료 가치와 여러분의 손에서 빠져나간 상품 가치의 차액이 바로 여러분의 노동 가치다. 조금도 이해하기 어렵지 않고, 계산하기 어렵지 않다!"

밀가루와 버터, 계란, 설탕, 전기료 등을 전부 합치면 2,000원이 되고 하루의 노동으로 만들어낸 케이크를 6,000원에 팔 수 있다면, 양자의 차액은 4,000원이 된다. 이 4,000원이 바로 노동자의 노동 가치다. 그런 다음 이 노동자가 살아갈 수 있고, 그다음 날에도 온전하게 일터로 돌아오려면 얼마의 돈이 필요할지 계산한다. 식비와 집세, 피복비 등을 다 합쳐 평균 하루에 500원이 든다면 이 500원이 노동력의 재생산을 위한 원가가 된다.

하루에 10시간 일해서 5,000원의 노동 가치를 만들어낼 수 있다고 가정하면, 실제로는 하루에 1시간만 일해도 자신의 노동력 재생산에 필요한 원가를 얻을 수 있다. 이리하여 더 생산하는 4,500원 혹은 9시간의 노동력은 '잉여 가치', 즉 노동자가 착취당하는 가치다.

이치는 매우 간단하다. 고용주가 경제학을 공부했든 하

지 않았든 이런 주장을 하는 노동자를 비웃기에 충분할 정도로 간단하다. 고용주는 생산을 하거나 장사를 하는 데도 임대료가 들고 자금이 필요하며 관리가 필요한데 노동자가 이런 요소를 제대로 이해하지 못해 계산에 넣지 않고, 오로지 자기 노동력의 공헌만 따지면서 이것이 착취라니 그런 논리가 어디 있느냐고 항변할 것이다.

고용주의 주장도 전혀 일리가 없는 것은 아니다. 좋다. 그럼 다시 마르크스의 순진한 '노동 가치설'로 돌아가 고용주가 말한 이런 요소를 노동 원가에 넣어 계산해 보자. 임대료와 자금, 관리비 등을 전부 합산해도 산출된 노동 가치와 노동자가 실제로 받는 월급 사이에는 항상 일정한 차이가 있다.

이런 사실이 마르크스의 이 단순하고 순진한 노동 가치 이론이 그리 간단히 전복되지 않을 것이며, 무시될 수 없는 해석임을 증명한다. 이러한 '노동 가치설'을 전면적으로 받아들일 필요는 없겠지만 이렇게 산출된 차이에 대한 설명은 필요하다.

왜 노동자는 착취당하는 상태에서 계속 노동을 하는 것일까? 한 가지 원인은 노동 시장의 '조작'하는 힘이다. '조작'에 대한 마르크스의 개념을 연결해 보면 우리는 시장 경제학자체가 시장을 조작하는 강력한 힘임을 분명하게 알 수 있다. 겉으로 보기에는 시장 경제학이 시장 운용의 법칙을 설명하는 것 같지만, 사실 시장 경제학의 가장 뚜렷한 기능 가운데 하나는 노동자로 하여금 이처럼 착취하는 생산관계를 받아들이고 이런 상태를 당연하며 합당하다고 여기게 하는 것이다.

이 점에 대해서는 한 가지 사례만 살펴봐도 알 수 있다. 임금을 어떻게 계산해야 하는가 하는 문제에 부딪칠 때마다 절대 다수의 고용주는 당장 시장 경제학의 신도가 된다. 절대 다수의 고용주가 노동이 창출하는 상품의 가치로 임금을 계산하는 방식을 받아들이지 않고 '기본임금'의 개념에도 찬성하지 않으며 '기본임금'을 높이려는 정부의 정책을 지지하지도 않는다. 그들은 통상 '시장이 가격을 결정하게 하는' 입장에 서서 반대 의견을 제시한다.

이익만 관련되면 한 무리의 사람들이 같은 신앙을 갖는 경향이 있는데, 이런 현상은 조심스럽게 관찰해 볼 가치가 있다. 사람들이 무얼 믿고 무얼 믿지 않는지는 상황에 따른 것이거나 우연한 것이 절대 아니다. 서양의 근대 종교사를 살펴보면 프로테스탄트 운동은 16세기에 흥기하여 가톨릭교회를 맹렬하게 공격하며 재빨리 오늘날의 독일에 안정적인 기초를 확립했다. 독일뿐 아니라 프랑스 남부에도 수많은 프로테스탄트 신도가 나타났고 이어서 저지대인 네덜란드와 벨기에, 스위스에서도 신속하게 개종이 이루어져 프로테스탄트에 마음을 바치게 되었다. 그러나 이와 동시에 이탈리아와 스페인, 프랑스의 중심 주류 사회는 여전히 전통적인 가톨릭 신앙을 고수했다. 그들은 신앙을 바꾸지 않았을 뿐 아니라 오히려 더욱 굳세게 자신들의 신앙을 지키면서 프로테스탄트와 격렬한 투쟁을 펼쳤다.

종교적 믿음은 기회에 따라 숫자 몇 개로 상금을 결정하는 복권이 아니다. 생활 형태와 집단 이익은 지역이나 단체 혹은 무리의 신앙을 결정하는 데 영향을 미친다. 모든 고용주는 시장 경제학을 믿는다. 시장 경제학이 그들의 생활의 수요에 가장 잘 부합하고 그들의 집단 이익을 가장 잘 보살펴 주기 때문이다.

마르크스 경제학과 대조해 보면 시장 경제학의 가장 큰 특징은 고용주와 노동자 사이의 계급 차이가 존재하지 않거나 고용주와 노동자 사이의 계급 차이가 당연하고 필연적이라서, 어떠한 논의도 조정도 필요치 않다는 주장에 있다. 계급 차이는 바꿀 수 있거나 바꿔야 하는 인위적 현상이 아니라는 것이다.

계급 의식의 확립을 통한 착취로부터의 탈피

조작하는 사람들의 가치의 근본을 찾아낸 마르크스는 '조작'이 있다는 사실을 지적하는 것으로 그치지 않고 아주 진지하게 '조작'을 해소하는 방법을 논하기 시작했다.

마르크스는 우리에게 '조작'의 원인과 결과가 줄곧 상호 순환 속에서 지속적으로 증강되고, 그 때문에 이처럼 강대한 '조작' 효과를 발생시킨다는 것을 일깨운다. '계급'을 놓고 말하자면 '조작'은 계급 차이를 만들어 내지만, 모든 사람의 눈앞에 계급 차이를 적나라하게 드러내면 이에 자극받은 사람들은 반드시 계급 차이를 줄이거나 없애고자 할 것이다. 그렇게 되면 계급 차이 및 계급 차이가 '조작'을 통해 생기는 이익이 사라지고 말 것이다. 따라서 계급 차이가 계속 존재하고 작용하도록 한다는 전제 아래 모든 사람이 계급 차이를 인식하지 못하게 해야 한다.

타이완과 미국 그리고 세계의 수많은 국가와 지역에서 '계급'과 '계급 차이'는 상당히 자극적으로 들린다. '계급'이라는 단어는 '계급투쟁'과 공산당, 폭력적인 투쟁 대회나 피비린내 나는 숙청 운동 등을 연상시킨다. 하지만 마르크스가 살았던 시대에 '계급'은 그저 사회와 경제 행위를 관찰하고 묘사하는 새로운 도구에 지나지 않았고 그처럼 복잡한 연상을 부르지 않았다.

다시 원점으로 돌아와 살펴보면, '계급'이란 인류의 생산 분업에서 나타난 수직 분할이다. 생산 과정에는 수평 분업도 있고 수직 분업도 있다. 집을 한 채 지을 때, 한 사람은 돌을 깨고 한 사람은 벽돌을 쌓는다면 이는 수평 분업이다. 하지만 한 사람은 돌을 담당하고 한 사람은 벽돌을 담당하고 있는 한편에 석재를 언제 반입하여 어떻게 시공할지, 벽돌공에게 언제 어디에 벽돌을 쌓아야 하는지 지휘하는 공사 감독자가 있다면 이런 공사 감독자와 석공 및 벽돌공 사이의 관계는 수직 분업이다.

제일선에서 생산을 맡은 사람은 다른 방식으로 간접적으로 생산에 참여하는 사람과 수직 분업을 이루고, 그들은 서로 다른 생산 신분에 따라 서로 다른 '계급'을 형성한다. 우리가 생산 활동에 참여하는 방식이 '계급'을 결정하고 '계급'은 다시 생산 활동을 대하는 우리의 관점에 영향을 미친다. 계급이 다른 사람들은 분업의 생산 과정 내지 분업의 생산 성과에 대한 견해가 완전히 같을 수 없다.

생산관계 시스템 속에서 사람은 자신이 처한 자리에서 자신의 이익을 극대화할 수 있는 방법을 생각한다. 또한 그런 입장에서 전체 생산관계에 대한 주장을 내놓는다. 이것이 바로 '계급'에 따른 '계급 의식'이다. '계급'과 '계급 의식'의 각도에서 볼 때, 경제 생산 활동은 본질적으로 다양한 이익이 충돌하고 주관적 이익이 교차하는 현장이다.

다시 말해서 계급이 서로 다른 사람은 생산 활동에 대해 서로 다른 이익을 수상하고, 양자는 서로의 계급적 입장을 넘어 통일된 이익 주장이나 운용 모델을 찾을 방법이 없다. 이 점에서 마르크스 경제학의 근본정신은 시장 경제학과 극단적인 대비를 이룬다.

시장 경제학은 스스로 자연과학을 모범으로 하는 과학 체계를 구축하여 자연과학에서 자연 현상을 기록하고 분석하고 예측하는 방법을 인간 행위에 그대로 적용한다. 그 내재 이론은 최대한 보편적이고 운용 범위가 넓은 법칙을 찾는 쪽으로 흐른다. 이러한 전제 아래 그들은 신분을 따지지 않고 개인 차이를 고려하지 않는 힘인 시장을 찾아냈다. 수요와 공급의 법칙은 우리의 명함이나 직함은 거들떠보지 않고 모두를 동일하게 취급한다. 인과 관계를 뒤집어 보면 이 경제학자들은 가장 보편적인 법칙을 절실하게 찾아내고자 했기에, 시장에서 어떠한 개인 차이도 초월하는 현상을 좋아하며, 나아가 이를 부각시키려 한다.

하지만 마르크스는 생산이라는 경제 활동을 사회 활동이자 인간관계 행위로 간주한다. 모든 사회관계와 마찬가지로 생산관계에서의 역할과 입장은 상대적이다. 사람마다 서로 다른 이익을 추구하기 때문에 이러한 관계에 대해서도 서로 다른 견해를 갖게 된다. 시장 경제학에서는 자신들이 신분과 개인적 차이를 초월하는 보편적인 경제 원칙이라고 말하지만, 마르크스는 이를 받아들이지 않고 누구의 입장에 서서 그런 분석을 한 것이냐고 집요하게 따져 묻는다. 이런 문제에서만 출발해도 시장 경제학이 더 이상 객관적이고 보편적인 경제 법칙이 아니라 자산 계급의 이익을 보호하는 입장에 서서 자산 계급의 '조작'과 '착취'를 합리화하는 이론임을 알 수 있다.

러시아로 전파된 마르크스주의는 러시아 혁명에 연료를 제공하는 동시에 소련 공산당의 관제 이데올로기로 전환되었다. 원시적인 마르크스 사상과 비교하면, 이후의 소련 공산당의 교조에는 '투쟁' 개념이 대폭 강화되었음을 금세 알 수 있다. 왜 그렇게 된 것일까? 부분적인 이유는 소련 공산당이 여전히 자신들의 신념이 보편 진리라고 표명한 데 있다. 이에 따라 그들은 마르크스 사상 본래의 입장을 지킬 수 없었다. 프롤레타리아는 반드시 소련 공산당의 이치를 받아들여야 했고, 그것이 모든 계급의 사람이 따라야 할 진리임을 선언해야 했다.

소련 공산당의 이데올로기에서 '투쟁'은 시장 경제학의 '수요와 공급'처럼 모든 인간 활동을 해석하는 데 사용되면서 전 세계에 적용되는 기준이 되었다. 노동자는 반드시 단결하여 자본가를 상내로 계급 투쟁을 벌여야 했으므로 노동자의 가치와 행위는 전부 '투쟁'으로 해석될 수 있었다. 이 단어는 자본가의 행위를 해석하는 데도 사용되었다. 부유한 자본가가 부를 과시하는 이유는 그들이 수시로 다른 자본가와 경쟁하는 계급 내부 투쟁 상태에 놓이는 탓에, 부를 과시해 경쟁 상대를 제압함으로써 더 큰 권력을 쟁취해야 하기 때문이라는 것이다. '투쟁'이 많은 문제를 해석하는 데 사용되었음을 알 수 있는 대목이다.

정작 마르크스 본인은 '투쟁'에 그다지 큰 관심을 갖지 않았다. 서로 다른 계급 사이의 투쟁은 그의 계급 사관에서 역사 변화의 주요 요소로 작용하기는 하지만 그는 결코 '투쟁'을 핵심으로 하는 경제학을 구성하려 하지 않았다. 『자본론』은 노동자의 경제학이자 노동자의 입장에서 출발한 경제 활동 분석이다. 노동자는 노동자 자신의 경제학을 가져야 한다. 자본가는 일찌감치 자본가만의 경제학을 갖고 있는 데다

이 경제학을 운용하여 노동자를 미혹시키고 노동자의 '노동 가치'를 착취하고 있기 때문이다.

자본가의 경제학은 자본가에게만 유리하다. 노동자가 이런 경제학을 받아들여 노동 가치에 대한 자본가의 정의를 순순히 인정한다면 '착취'는 당연하게 여겨질 것이고 결국 노동자는 '피착취' 상태에서 벗어날 기회를 잃을 것이다.

『자본론』의 맹점: '자본가 노동자'

마르크스의 경제학 분석은 자본가의 '조작'이 독자의 공통 인식이라는 전제 아래 진행된다. 자본가의 이익을 추구하는 경제학 체계는 이미 노동자에게 불리한 이론을 내놓고 있었다. 이 때문에 마르크스는 노동자의 입장에 서서 또 다른 '노동 가치설'을 제시하고 이를 이용하여 경제 행위를 새롭게 해석할 필요가 있었다.

이 때문에 '노동'이 노동자의 노동만 가리킨다는 마르크스의 관점은 일찌감치 비판의 대상이 되었다. 공장 노동자가 '노동'을 필요로 하는 것은 확실하지만 잡화점 점원이나 주인은 '노동'이 필요치 않은 걸까? 자본가도 출근하여 결정과 관리를 해야 하니 이 역시 '노동'이 아닐까?

마르크스는 확실히 자본가를 '노동자'로 간주하지 않고 '자본의 인격화'로 간주했다. 그들은 자본을 위해서만 살고 자본의 이익만 대표할 뿐 개인의 노동에는 종사하지 않는다. 그들은 개인의 노동을 통해 이익을 얻는 것이 아니라 자본을 근거로 노동자를 부려 이익을 얻는다.

마르크스의 비판자들은 이 관점에 맹렬한 공세를 펼쳤다. 그들은 하워드 휴즈를 예로 들어 반박했다. 2004년에 발표된 영화 『에비에이터』에서 묘사한 것이 하워드 휴즈의 이야기다. 그는 가장 전형적인 자본가로서 엄청난 자산을 가지고 평생 돈 걱정 없이 살 수 있었지만, 일생 동안 부지런하게 쉴 줄 모르고 노동자보다 열심히 일했다. 우리는 그의 근면한 노력을 '노동'이라고 인정하지 않을 수 있을까? 그가 부자라고 그가 '노동'을 한 사실을 부정할 수 있을까?

분명히 하워드 휴즈뿐 아니라 수많은 자본가가 매일 평균 노동 시간을 넘겨 가며 노동자보다 힘들게 일한다. 하지만 우리는 『자본론』에서 마르크스가 그런 사람들의 '노동'이나 그들의 '노동 가치'에 관해 논하는 것을 찾아볼 수 없다. 이것은 『자본론』의 커다란 맹점이 아닐까?

마르크스가 이러한 '자본가 노동자'에 대해 아무런 분석도 하지 않은 것은 사실이다. '자본가 노동자'라는 현상을 설명할 수 있는 이론은 당시만 해도 아직 출현하지 않았다. 그러다가 베버가 1905년에 출판한 『프로테스탄티즘 윤리와 자본주의 정신』이라는 책에서 서양에서는 정식으로 이 현상을 다루기 시작했다.

베버는 자신이 수립한 '역사사회학'의 방법으로 '프로테스탄티즘 윤리'와 '자본주의' 그리고 자본가 행위 사이의 인과 관계를 다룬다. '프로테스탄티즘 윤리'에서 가장 중요한 것은 '예정설'이다. 칼뱅파 등의 프로테스탄트 교리에서는 인간이 절대로 자신과 신의 거리를 좁힐 수 없고, 신의 뜻을 예측할 수도 없으며, 신의 결정에 영향을 미치는 것은 더더욱 불가능하다는 점을 강조한다. 과거의 '구교', 즉 로마 교회가 범한 가장 큰 잘못은 자신들을 신의 대리인으로 부풀리고 황당하게 신도에게 입교하면 속죄를 받을 수 있고 참회하면 신의 용서를 구할 수 있으며 '면죄부'를 사면 지옥에 갈 필요가 없다고 약속한 것이다. 사실 교회에는 애당초 이런 권력이 없었다. 사람인 이상 이런 능력을 갖는 것은 불가능했다.

로마 교회의 허위와 오만이 조성한 타락은 '프로테스탄트의 개혁'을 자극했다. 칼뱅은 개혁을 가장 근본적인 차원까지 밀고 나가 인간이 신의 의지를 추측할 수 있다는 환상을 완전히 제거하고자 했다. 신은 인간과 거래를 하지 않고 인간은 자신이 뭔가를 하면 신으로부터 뭔가를 바꿔 올 수 있다고 가정할 자격도 없으며, 그저 경건한 자세로 신의 신비한 조치를 받아들일 수밖에 없다는 것이 그의 주장이었다.

누가 천국에 가고 누가 지옥에 가게 될지는 아무도 알 수 없다. 칼뱅의 '예징설'에 따르면 인간은 그렇게 대단한 존재가 아니므로 절대로 자신의 행위로 신에게 영향을 미칠 수 없다. 게다가 전지전능한 신이 인간 세상에서 인간이 무엇을 할 수 있고 무엇을 할 수 없는지 설마 모르겠는가? 왜 굳이 정신을 허비하면서 점수를 매기려 하는가? 신은 이미 모든 것을 안배해 두었기 때문에 우리가 평생 무엇을 하든, 지옥에 갈지 천국에 갈지는 모두 정해져 있어 누구도 이를 바꿀 수 없다.

정말로 이상하면서도 잔혹한 교리가 아닐 수 없다. 의지에 따른 행위로 자신의 운명에 영향을 미칠 가능성이 말소된 상태에서 사람이 이 세상에 살면서 무엇을 할 수 있단 말인가? 어쨌든 모든 것이 이미 정해져 있으니 하고 싶은 대로 마구 살아도 되는 걸까? 아니다. 모든 것이 이미 정해져 있기는 하지만 우리는 자신의 이름이 천국의 명단에 있는지도 알지 못한다. 아무리 초조하다 해도 우리는 그저 겸손하게 신이 우리에게 어떤 것들을 준비해 두었는지 추측하려고 시도해 볼 수 있을 뿐이다.

기본적으로 칼뱅과 그 신도들은 신의 선민選民 행위가 인간 세상에 어떤 흔적을 남긴다고 믿었다. 혹은 특정한 행위 모델이 있으리라 보았다. 선행으로 신을 감동시켜 천국에 갈 수 있는 것이 아니라 그 반대의 해석을 내렸다. 이미 선택된 사람들은 인간 세상에서 자신의 욕망에 따라 악을 행하면서 방탕하게 살 수 없다는 것이다. 이 '선민'은 신이 부여한 선한 성품을 드러내고 신의 성스러움과 아름다움을 함께 누린다. 따라서 선하고 성스러운 성품을 나타내는 사람은 '선민'일 가능성이 높은 것이다.

따라서 모두 선한 성품과 성스럽고 아름다운 모습을 드러내려고 노력함으로써 자신을 '선민'이라고 설득해야 한다. 이처럼 끊임없이 자신을 증명하고 설득해야 하는 초조한 마음이 이들로 하여금 특별한 생활을 하게 만든다. 그들의 노동과 노력은 세상에서 일정한 성취를 이루지만 자신이 '선민'임을 증명하려면 이러한 성취를 욕망에 따라 함부로 누려선 안 되는 것이다.

가난하고 영락하여 세상에 이룬 것이 없는 사람이나 오만하게 마음껏 정욕을 따르는 사람은 전부 '선민'의 조건에 부합하지 않는다. 이로 인해 이런 초조한 마음은 어떤 유형의 사람을 자극할 수 있다. 그들은 힘들여 일해 큰 재산과 사회적 지위를 얻지만 자신의 재산을 자랑하지도 않고 자신의 지위를 뽐내지도 않는다. 그들은 재산으로 사치스러운 생활과 향락을 누리는 것이 아니라 그저 그 돈으로 더 많은 일을 하고 더 많은 돈을 벌 뿐이다.

베버는 우리에게 이런 사람들이 '자본가'가 된다고 말한다. 그리고 그들의 소비되지 않고 반복적으로 투자되는 돈이 '자본'이 된다.

베버의 정의에서 '자본가'는 결코 잘 먹고 게으른 생활을 하면서 편히 앉아 자신의 성취를 누리는 사람이 아니다. '자본'과 '자본가'는 집단적 초조에 자극받아 근면하게 일하는 태도에서 나온다. '자본가', 적어도 가장 초기의 자본가에게는 '노동'도 있고 '노동 가치'도 있었다. 이는 마르크스가 발견하지도 못하고 사유하지도 못한 부분이다. 마르크스는 그저 노동자와 자본가 사이의 확연한 차이를 발견하고 노동자가 어떻게 자본가에게 빼앗긴 '노동 가치'를 되찾아 올 수 있을까 하는 문제에만 관심을 기울였다. 베버의 견해와 비교하면 우리는 마르크스의 맹점을 발견할 수 있다. 하지만 동시에 마르크스의 따스한 마음도 엿볼 수 있다.

노동자 계급만의 공평하고 정의로운 이념

마르크스는 노동자 계급을 위해 기초 이론을 쓰고, 노동자 계급의 마음속에 노동자 계급만의 공평하고 정의로운 이념을 세워 그들이 더 이상 자본가의 주장으로 자신들을 왜소화하거나 상처받지 않기를 바랐다.

마르크스는 유럽, 적어도 당시 자신이 당분간 머물고 있던 영국이 이미 '계급 사회'임을 발견했다. 노동자 계급의 존재는 더 이상 논쟁의 여지가 없는 사실이었으나 노동자만의 '계급 의식'은 없었다. 계급과 '계급 의식'은 서로 호응하고 연결되어야 하지만 당시의 노동자 계급에게는 그것이 하나가 아니었다. 노동자에게 맞춰진 주장이 있어야 계급 속에서 '계급 의식'을 창조해 낼 수 있었다.

노동자의 계급 의식에는 두 가지 항목이 필수적이었다. 첫째는 자신과 지주 및 자본가의 다른 점을 발견하는 것이고, 둘째는 다른 노동자와 계급 감정과 단결 의식을 수립하는 것이었다.

계급이 있는데 '계급 의식'이 없다는 것은 이 세계에 대한 노동자의 주관적 인식과 객관적 사실 사이에 심각한 차이가 있음을 의미했다. 노동자가 정확한 '계급 의식'을 키울 수 있게 해야만 더 이상 자신들이 이 세계, 이 시스템 안에서의 지위를 오판하지 않고 인식과 사실이 통합된 '과학성'을 확보할 수 있을 것이었다.

노동자는 자본가의 정의로 자신의 '노동 가치'를 논단해서는 안 된다. 너무나 자연스럽게 자신의 '노동 가치'를 저평가하게 되기 때문이다. 노동자는 정확한 계산 방식을 배워 자신이 창조하는 '노동 가치' 가운데 일부, 심지어 상당 부분이 착취당하고 있음을 인식해야 한다. 이러한 제도적 '착취'는 자본주의의 '조작'의 결과이다.

가장 큰 '조작'은 자본가의 '생산 수단' 장악에서 온다. 원래의 '장인 전통'에서는 장인이 자신의 생산 수단을 가지고 있었지만 현대의 노동자는 자신의 생산 수단을 가지고 있지 않다. 그들은 그저 공장에 들어가 그 안에서 기계로 생산을 할 뿐이다.

겉으로 보기에는 양자가 똑같은 생산으로 보인다. 하지만 자신의 도구로 생산하는 것과 공장에 들어가 기계로 생산하는 것은 전혀 다르다. 공장 제도는 생산 수단이 실제 생산에 종사하는 사람이 아니라 공장에 독점되고 있음을 의미한다. 이로 인해 노동자의 노동력은 원래의 자주성을 잃고 기계에 의존해야만 생산과 가치 창조가 가능해진다.

과거에는 장인이 농민에 비해 상대적으로 더 자유로웠다. 마르크스와 엥겔스의 역사관에 따르면 '자본주의 시대' 이전은 '봉건 사회'였다. '봉건 사회'는 토지 제도로 정의되는 사회다. 토지는 지주가 소유하고 있었고 농민의 생산은 토지에서만 이루어졌다. 농민의 노동이 토지에서만 가능하다는 것은 지주의 통제 아래 놓인다는 것과 마찬가지다. 그 시대에 장인은 토지가 필요치 않았던 까닭에 농민보다 상대적으로 자유로웠다.

그러나 '자본주의 시대'로 진입하면서, 즉 공장 제도가 일어난 산업화 시대로 접어든 뒤로 장인(노동자)은 기존의 자유를 상실했다. '노동 가치'를 실현하기 위해 노동자는 반드시 기계를 찾아야 하고 자신(인간)의 가치를 '기계'(사물)에 의지해야 했다. 인간이 부속품이 되고 사물이 주인이 되었다. 이것은 물론 두말할 것도 없이 '소외'다.

'상부 구조'의 구속을 부수다

마르크스는 현대 사회에서 찾아보기 힘든 보편 가치의 제공자다. 그는 보편적 관점을 제시했고, 계급론으로 강한 권력의 이익을 대표하는 기업과 국가 등을 비판했다. 마르크스는 이처럼 약자를 지지하는 보편 가치를 근거로 하여, 노동자가 옳고 자본가가 틀린 이유를 굳세게 외치면서 노동자의 입장에 서서 자본가에게 대항했다. 『자본론』은 바로 이처럼 약자를 위해 쓴 '변호서'이다. 우리는 이 변호하는 입장의 근원을 공감하는 마음으로 이해해야 할 것이다.

'임금 노동'에 점거된 자유 생활

'임금 노동력'은 곧 '소외'된 노동력으로서 노동자가 생산 수단을 잃은 상황에서 나타난다. 생산 수단을 보유한 장인과 그의 노동력 사이에는 완전한 관계가 성립되어, 장인은 노동의 모든 성과를 누리는 동시에 책임도 전부 짊어진다. 그에게는 자신의 노동력을 어떻게 사용할지 결정할 자유가 있다. 하루 3시간의 노동으로 일가족을 부양할 수 있다면 그는 매일 3시간만 일할지 매일 10시간을 일할지 고를 수 있다. 이런 모델에는 강제적인 '노동 시간'이 없고 몇 시부터 몇 시까지, 하루에 몇 시간을 일해야 한다는 규정도 없다.

서양의 전통적 장인 제도에서는 직인journeyman과 날품팔이처럼 임금을 받는 노동자가 있었다. 직인은 장인의 기술이 있으나 공구와 점포가 없다. 철은 다룰 줄 알지만 불가마와 모루가 없기 때문에 여기저기 돌아다니면서('journey'의 원래 의미) 남의 내장간에서 일을 한다. 날품팔이는 약간의 농사 기술과 체력은 있으나 자신의 농지가 없기 때문에 하는 수 없이 농번기에 '품팔이꾼'이 되어 여기저기 돌아다니며 일을 해 주고 약간의 돈이나 농작물을 보수로 받는다.

이런 사람들은 전통 사회에서 유랑자로 간주되어 사람들의 의심과 냉대의 대상이 되었다. 이런 신분이 전혀 안정적인 신분이 아니며, 영락했을 때 어쩔 수 없이 나타난다는 것을 알 수 있다. 직인은 때로 방법을 강구하여 정상적인 장인이 되었고 날품팔이도 어쩌다 한곳에 뿌리를 내려 정상적인 농부가 되었다.

이런 역사를 예로 들면서 마르크스는 노동자에 대해 비탄을 금치 못했다. 전통 사회에서는 직인과 날품팔이가 극소수에 불과했고 생산 환경에서도 드문 존재였으며 얼마든지 이런 신분에서 벗어날 수 있는 기회가 있었다. 하지만 산업 사회로 접어들면서 생산의 주체인 노동자는 그들과 마찬가지로 임금만 받아 생활할 뿐 생산 수단의 소유주가 될 수 있는 기회는 전혀 없다.

공장 제도와 임금 제도 아래서는 노동자만 '소외'되는 것이 아니라 노동 자체가 '소외'되는 것이다.

마르크스는 일과 생활에 대해 줄곧 대단히 낭만적인 주장을 펼쳤고, 양자가 반드시 일치되어야 한다는 생각을 견지했다. 그는 일 자체가 목적이 되어야지 생활의 수단이 되거나 생활을 위해 지불해야 하는 대가가 되어서는 안 된다고 믿었다.

생산 수단이 남의 손에 장악되면 노동자는 임금을 받는 수밖에 없다. 노동자는 노동으로 만든 제품에 애정을 가질 수 없게 되고 나아가 노동 자체에도 애정을 가질 수 없게 된다. 노동은 그저 그가 맡아야 하는 직책이 된다. 이리하여 노동자는 하루 24시간 가운데 잠자는 시간을 제외하고 깨어 있는 시간의 70퍼센트 이상을 피압박 상태에서 지내게 되고 기껏해야 30퍼센트의 시간 동안만 진정한 생활을 누릴 수 있게 된다.

하지만 이전의 장인, 심지어 농부도 이렇지는 않았다. 그들은 자신의 노동에 노동 결정권이 있었고 노동의 결과에도 책임을 졌다. 노동은 그들의 생활의 일부였다. 농부가 아침 일찍 일어나 '밭을 돌아보는 것'은 누군가의 명령에 따른 것이 아니라 자신의 밭에 대한 관심에 따른 자발적 행위였다. 그는 자신의 밭과 작물에 애정을 갖고 있고, 장차 밭에서 생산될 작물 역시 그의 것이 된다. 마찬가지로 대장장이가 밥 먹는 것마저 잊어 가며 가장 훌륭한 도끼를 만드는 것도 누군가의 명령에 따른 것이 아니다. 그가 만든 도끼가 좋은지 나쁜지는 장인으로서의 그의 몸값을 결정하는 요소가 되고 그의 성취로 연결된다.

임금 노동자는 이러한 노동의 감정을 잃는다. 마르크스는 공장 제도가 사람들에게 가져다준 근본적인 변화는 생활의 변질과 축소라고 지적한다. 사람들은 원래 자신의 시간 전체를 이용하여 생활했지만 '임금 노동자'가 된 뒤로는 일이 절반 이상의 시간을 점유하고, 일하는 시간을 제외한 시간으로 얼마 남지 않은 생활을 누리게 되었다는 것이다.

오늘날의 환경에서는 절대 다수의 사람이 '임금 노동자'가 된다. 따라서 우리는 마르크스의 이런 우려를 깊이 생각해 볼 필요가 있다. '임금 노동자'의 생활은 무정하게 두 토막이 나고 말았다. 그중 한 토막에서 임금 노동자는 '소외' 상황에 처한 채로 생산 수단에 통제당하면서 자신의 자유와 생활을 빼앗긴다. 일을 떠나야만 그는 다시 정상적이고 자유로운 인간이 된다.

산업화 이후 인류의 평균 수명은 크게 늘어났다. 18세기 사람들은 40세에서 45세까지밖에 살지 못했을 것이다. 그러나 마르크스는 그들이 우리보다 더 짧게 살았다고 단정할 수 없다고 말한다. 그들은 아침 6시부터 진실한 생활을 시작한 데 비해 '임금 노동자'가 된 우리의 생활은 오후 6시에 퇴근하고 나서야 비로소 시작되기 때문이다.

『자본론』에서 마르크스가 '임금 노동'과 '노동 일수', '노동 시간' 등에 대해 논한 것을 읽으면서 우리는 그의 참담과 우울, 심지어 비분을 읽어 낼 수 있어야 한다. 일은 사람과 생활에서 분리되었지만 사람과 일은 불가분의 관계에 있다. 이리하여 실제로 사람은 왜소해질 수밖에 없다. '임금 노동자'로서의 부분이 커질수록 자유롭고 진실한 생활의 부분은 상대적으로 줄어든다. 게다가 '임금 노동'의 부분이 어느 정도까지 확대되면 우리는 '임금 노동' 후의 자유로운 생활을 누릴 수 있는 능력을 상실하게 된다. 우리 자신은 존재하지만 생활이 없어지고 그저 '임금 노동자'로서의 존재만 남는다. 이런 상태는 공장과 자본가에게 가장 유리하다. 우리가 필요로 하는 것 역시 우리 자신이 내일 아침까지 살아 있도록 하기만 하면 되는 정도로 낮기 때문이다. 다시 말해서 '노동 재생산 원가'만이 남아 있는 것이다.

마르크스의 비분에 젖은 견해는 당시의 현실에 대한 묘사일 뿐만 아니라 미래에 대한 예언이기도 했다. 오늘날 전 세계에서 평생 70년을 살며 진정으로 자기를 위해 사는 날은 며칠 되지 않는 사람이 얼마나 많을까? 그런데도 수없이 많은 곳에서 이런 인생이 마땅하고 당연한 것으로 간주된다.

생산 수단의 소외는 일부 공장에만 있는 것이 아니라 사회 전체로 확대될 수밖에 없다. 공장 제도가 형성된 뒤로 장인의 소규모 자율 생산 방식은 역사 속으로 사라져 버렸다. 우리는 소규모 공방 형태로 자신의 생산 수단을 계속 보유한 채 자유롭게 생산에 종사할 수 없게 되었다.

마르크스가 제시한 또 하나의 중요한 개념은 '상대적 잉여 가치'다. 공장 제도 아래서는 자본가가 생산 수단을 통제하여 생산 원가를 낮추고 공장 노동자의 '노동 재생산 원가'도 낮춘다. 좀 더 간단히 말하면 노동자 한 사람을 부양하여 그가 다음 날에도 변함없이 일을 할 수 있게 하는 데 드는 비용이 갈수록 낮아진다는 것이다.

영국에서는 방직업 분야에서 산업화가 가장 먼저 일어났다. 기계로 천을 짜게 되면서 의류 가격이 큰 폭으로 떨어지고 이어서 생활에 관련된 다른 영역에서 유사한 상황이 벌어지기 시작했다. 노동자는 이런 상황을 기뻐해야 했다. 모두들 비교적 싼 비용으로 같거나 심지어 더 나은 생활을 할 수 있게 되었기 때문이다.

우리는 모두 일반적으로 그렇게 생각한다. 하지만 마르크스는 '상대적 잉여 가치'라는 개념을 통해 우리에게 전혀 다른 견해를 내놓는다. 이전에는 노동자가 최소한의 생활을 유지하는 데 2,000원의 비용이 들었고 그가 하루 열 시간 일해서 창출할 수 있는 가치 총액이 1만 원이었다고 가정해 보자. 이는 노동자가 착취당할 수 있는 '잉여 가치'가 8,000원이라는 의미다. 그는 자신을 위해 매일 두 시간만 일하면 되므로 나머지 여덟 시간의 노동은 자본가가 임금 형식을 통해 착취할 수 있는 범위가 된다. 이제는 생활에 필요한 비용이 더 줄어들어 이 노동자의 생활에 필요한 비용은 1,000원으로 떨어졌지만 그는 여전히 하루에 10시간씩 일해서 1만 원의 가치 총액을 창출한다. 이리하여 착취당하는 '잉여 가치'는 반대로 더 늘어난다. 새로운 상황 아래서 그는 하루에 한 시간만 일해도 '노동 재생산'에 필요한 기본적인 것을 얻을 수 있다. 나머지 아홉 시간의 노동은 전부 자본가에게 착취당하고 마는 것이다. 그러므로 산업화로 인한 물가 하락은 자본가에게 여전히 유리하다.

끊임없이 자기를 확대하는 자본의 본질

'자본 재생산'은 마르크스의 또 다른 중요 개념이다. 돈 있는 사람들은 언제 '자본가'로 변하는 것일까? 그들의 돈은 언제 '자본'으로 변하는 것일까? 돈으로 돈을 불리는 것이 목적이 되고, 벌어들인 돈을 실제 용도에 쓰는 것이 부차적인 일이 될 때, 이런 돈은 곧 '자본'이 되고 이런 식으로 돈을 운용하는 사람은 '자본가'가 된다.

자본의 가장 근본적인 운용 논리는 끊임없는 확장이다. 확장 과정에서 자본과 자본가 사이에는 필연적으로 경쟁 관계가 발생한다. 상업 자본의 경쟁에서는 운이 아주 중요하다. 어떤 사업에 투자하든 돈을 벌 수도 있고 날릴 수도 있다. 많이 벌 수도 있고 적게 벌 수도 있다. 하지만 자본이 생산 수단을 구매 또는 확보하는 데 운용된다면, 다시 말해서 '산업 자본'으로 전환된다면 게임의 법칙은 달라진다.

기계를 확보하고 공장을 지으면 '임금 노동자'를 고용할 수 있고, 그들의 '잉여 가치'를 착취하여 이익을 얻을 수 있다. 자본이 클수록, 기계가 많을수록, 고용한 노동자가 많을수록 당연히 얻는 이익도 많아진다. 이는 명백한 '자본 재생산' 법칙이다. 자본이 클수록 이익도 많아지고 대자본이 소자본보다 더 큰 이익을 얻는다.

자본이 커질수록 더 많은 '잉여 가치'를 축적하고 더 빠르게, 더 효율적으로 자본을 축적할 수 있다. 대자본은 아주 빨리 소자본을 뒤로 밀어냄으로써 소자본이 서둘러 성장하여 대자본과 경쟁할 수 있는 방법을 모색하도록 압박한다. 이 때문에 마르크스는 일단 자본가가 생산 수단을 통제하게 되면 자본은 필연적으로 갈수록 더 집중된다고 예언했다. 자본의 본질은 확장이고, 커질수록 더 빨리 확장하며 적극적으로 작은 자본을 병합하려 한다. 자본의 규모는 동시에 '자본 재생산'의 속도와 효율을 결정하는 것이다.

이 개념으로 마르크스는 유명한 역사 결정론을 도출했다. 자본주의 사회에서는 결국 대자본가와 프롤레타리아 계급만 남고 중간의 소자산 계급은 사라질 수밖에 없다는 것이다. 소자산 계급은 수중의 자본을 더 축적하여 대자본가가 되거나 수중의 자본을 잃고 프롤레타리아로 전락한다. 이는 자본의 운용 논리에 따라 내린 추론이었다.

마르크스는 '자본가'를 자인Sein의 역사 현상이 아닌 하나의 개념으로 간주했다. '자본가'에 대한 그의 마음속 정의를 가장 정확하게 묘사한 것이 바로 '자본의 인격화'다. 그에게 자본가는 구체적인 인간이 아니라 자본에 의해 정의되고 자본에 의해 통제되는 반응이자 활동이다.

현실에는 확실히 인자하고 다정한 자본가가 적지 않다. 그러나 이는 마르크스에게 중요하지 않았다. '자본의 인격화'로서의 자본가는 자본을 끊임없이 확장하려는 천성이 있어 끊임없이 '잉여 가치'를 착취하고자 더 효율적인 방법을 찾아야 하기 때문에 당연히 항상 노동자의 이익과는 정반대의 입장에 서게 된다. 자인 상태의 인자하고 다정한 자본가는 소수의 우연에 지나지 않으므로, 자본가의 본질은 변할 수 없고 자본가의 정의는 더더욱 변할 수 없다.

'자본의 인격화'로서의 자본가는 주로 자본을 위해 복무하고 보다 많은 '자본의 재생산'을 통해 자본의 끊임없는 확장과 축적을 돕는다. 그의 탐욕은 개인의 선택에 따른 도덕적 타락이 아니라 사회적 역할이 가져다준 필연이다. 그가 벌어들인 돈을 자선 사업에 기부한다 해도 자본의 확장을 도울 때의 탐욕스러운 본질은 바뀌지 않는다.

수많은 사람이 마르크스가 선동가이고 자신의 작품으로 원한을 품도록 부추긴다고 말한다. 그렇지만 우리는 공정하고 진지하게 마르크스가 어떤 원한을 품도록 선동했는지 따져 봐야 한다. 마르크스의 이론은 자본가에게 원한을 품으라고 선동하지 않는다. 자본가는 '자본의 인격화'에 지나지 않으며 자본에 의해 움직이기 때문이다. 진정으로 원한을 품어야 하는 대상은 자본과 자본의 본질, 자본에 내재하는 끊임없이 자기 확장하는 동적 에너지다. 산업 자본과 공장 제도의 형성은 '잉여 가치'를 착취하는 방식을 만들어 냈고, 자본가를 포함한 모든 것은 거기에 휘말려 왜곡되었다.

자본가도 마찬가지로 목적과 수단의 교란에 빠져들어 머릿속으로 자본을 끊임없이 확장시키고 축적하는 것만 생각할 뿐 확장하고 축적한 다음에는 무엇을 해야 할지 모른다. 전심전력으로 오늘의 확장은 내일의 더 큰 확장을 위한 것이며 오늘의 축적은 내일의 더 풍성한 축적을 위한 것이라고 믿는다. 마르크스는 결코 자본가를 미워하도록 선동하지 않았다. 미워해야 하는 것은 자본가가 아니라 모든 사람을 집어삼키는 커다란 괴물 시스템이다. 자본가를 미워하는 것은 아무런 의미도 없다. 자본가를 타도하는 것은 상대적으로 너무나 쉽다. 정말로 어려운 것은 그 시스템을 해체하고 자본이 운용되는 논리를 전복하는 것이다.

마르크스 사상의 실질적인 역할

일찍이 진지하게 나 자신의 자리가 무엇인지 고민해 보

고, 난 오늘날의 타이완이라는 환경에서 '실패주의 좌파' 혹은 '실패주의 마르크스주의자'가 되기로 했다. 만약 여러분이 마르크스주의가 무엇인지에 대해 약간의 개념을 갖게 되고 약간의 흥미도 갖게 된다면, 내가 어째서 일부러 '실패주의'라고 말하는지, 그리고 '실패주의'가 어떤 입장을 가리키는지 다소 농정 어린 이해를 할 수 있을 것이다.

마르크스 사상에는 고도로 낭만적인 이상주의 색채와 높은 현실 비판의 힘이 있다. 그가 우리에게 내놓은 것은 철학적 사유의 기반이자 철저하게 급진적인 해결 방안이었다. 그리고 그가 우리에게 내놓지도 않았고 내놓을 수도 없었던 것은 실제 행동 절차다. 다시 말해서 마르크스는 체제 비판에는 능했지만, 정말로 이 체제를 전복하고 더 나아가 대체하고자 한다면 또 다른 체제를 구성해야 했다. 이는 철학자 출신으로 서재와 도서관에서 대부분의 일생을 보낸 마르크스로서는 어쩔 수 없는 부분이다.

마르크스에게는 그런 현실 감각이 없었고 사회에 뛰어들어 강력하게 이러한 권력을 쟁취하기 위한 행동을 기획하고 집행할 능력도 없었다. 레닌과 스탈린에게는 잔혹에 가까운 강력한 권력욕이 있었다. 하지만 레닌과 스탈린의 강렬한 권력욕으로 구축한 체제는 마르크스의 추상적인 이상의 특성을 절대로 보존할 수 없었다.

인간 세상에 자본주의를 대체할 수 있는 시스템으로서의 공산주의 체제 수립은 이미 실패한 실험으로 드러났으며, 러시아에서 동유럽을 거쳐 중국에 이르는 이 커다란 비극 탓에 오늘을 사는 우리는 공산주의 천국의 수립을 꿈꾸지 못한다. 마르크스가 상상한 체제는 현실의 인류가 가진 것보다 훨씬 더 고귀한 정신을 필요로 한다. 정치권력의 운용 면에서는 더욱 그렇다. 이 점을 나는 아주 분명하게 확인했고 전부 받아들였다.

하지만 그렇다고 마르크스와 마르크스주의가 '역사의 쓰레기통으로 들어가 버렸다.'라는 뜻은 아니다. 공산주의 천국이 실패로 판명되고 오늘날 우리가 필연적으로 자본주의 사회 시스템 안에서 살고 있기에 마르크스와 마르크스주의는 더더욱 필요하다. 마르크스와 마르크스주의는 자본주의 밖의 기준을 제공하여 우리가 그것으로 인생과 사회를 바라보고, 그 대조를 통해 자본주의라는 가치가 결코 유일하지도 필연적이지도 않다는 사실을 명확히 알려 준다.

마르크스 사상은 자본주의 체제가 사악한 심연으로 빠지는 것을 피하도록 돕는다. 지난 100여 년 동안 마르크스 사상의 가장 실질적인 작용은 공산당이 집권한 국가가 아니라 오히려 자본주의를 실행하는 국가들에서 이루어졌다. 같은 '임금'이지만 19세기 영국의 노동자가 받던 임금과 오늘날 타이완 노동자가 받는 임금 사이에는 이미 하늘과 땅의 차이가 있다. 당시에는 야근 수당도 없었고 의료 보험도 없었다. 최저 임금 보장도 없었고 해고 수당도 없었다. 고용주는 임금만 지불하고 노동력을 사들이면 그만이었고 복잡하고 자질구레한 규정도 없었다.

오늘날의 노동자가 기본 권리를 가질 수 있게 된 부분적인 원인은 마르크스와 마르크스 사상에 있다. 자본주의의 붕괴와 공산주의 혁명에 대한 마르크스의 주장과 예언은 자본주의 사회에 전해졌고 어느 정도 영향을 미쳤다. 공산주의 혁명에 대한 주장으로 겁을 먹은 자본가는 혁명을 일으킬 단계까지 감히 노동자를 압박하지 않고 손을 거두어들였다. 또한 자본주의의 붕괴에 대한 예언에 자극을 받아 기존의 체제를 수정함으로써 마르크스가 예언한 상황이 실현되지 않도록 막았다.

자본주의는 마르크스의 지적과 경고를 받아들여 많은 부분을 수정했기에 오늘날의 모습을 갖추게 되었다. 끊임없이 수정을 가하고 있다는 점에서 자본주의 시스템의 내부에도 칭찬할 만한 점이 있는 것은 분명하다. 내가 보기에 100

여 년 동안 자본주의의 발전은 전진과 후퇴를 반복하면서 느리고 구불구불한 궤적을 그려 왔다. 한쪽에는 원래의 '소외'와 '비인간화'의 힘이 있고 다른 한쪽에는 마르크스의 경고를 들은 뒤 시스템 전체가 너무 극단적인 방향으로 흘러가지 않도록 걱정하면서 수정하는 힘이 있다.

마르크스가 꿈꾸었던 공산주의 사회는 악몽이 되고 말았다. 이는 마르크스의 실패임에 틀림이 없다. 마르크스의 예언과 주장으로 인해 자본주의는 극단으로 치닫지 않았고 와해와 붕괴를 피했다. 이 역시 마르크스의 실패다. 그러나 이러한 실패는 우리에게 상대적으로 균형을 유지하면서 지나치게 잔혹하지 않은 '수정판 자본주의' 시스템을 남겨 주었다.

자본주의 내부의 전진과 후퇴는 여기서 끝나지 않는다. 자본의 확장이 유발하는 탐욕과 착취도 여기서 끝나지 않는다. 자본을 확장하기 위한 가장 효과적인 방법은 철저하게 사람을 '물화'시켜 모든 것을 잊고 순수하게 이익만 추구하는 기계로 만드는 것이다. 그러므로 자본주의가 너무 잔혹하고 무서운 방향으로 치우치는 것을 막을 방법은 한 가지밖에 없다. 이 시스템을 되돌릴 수 있는 힘이 항상 존재하도록 보장하는 것이다. 자본주의의 제한을 받지 않고, 자본주의 가치의 맹점을 폭로하며 우리에게 자본주의 이외의 삶의 의미를 일깨울 수 있는 목소리가 사라지지 않도록 해야 한다.

마르크스의 사상은 언제나 인간은 무엇인가, 인간의 의의는 무엇인가, 인간의 목적은 무엇인가 등의 철학적 문제에 기반을 둔다. 경제학의 영역에서 가장 낭만적이고 인간적이며 이제나저제나 인간에 대한 관심을 강조하는 것이 바로 마르크스 사상이다.

수단과 목적이 끊임없이 전도되며 일어나는 '소외'

마르크스는 본질적으로 철학자다. 이 때문에 그의 경제학을 읽을 때도 우리는 진지하게 그의 철학적 주장을 이해하려 노력해야 한다.

철학에서 가장 재미있는 것은 마르크스와 헤겔의 관계다. 마르크스는 자신이 헤겔의 변증법을 뒤집었다고 말한 바 있다. 헤겔의 변증법은 머리와 발의 위치가 거꾸로 되어 있어 바로잡지 않으면 안 된다는 것이 그의 생각이었다.

사실 마르크스 사상 가운데 헤겔에게서 나왔으면서 헤겔 철학을 뒤집은 것은 '변증법' 하나로 그치지 않는다. 보다 중요하고 핵심적인 것은 헤겔의 역사관일 것이다. 헤겔에게 역사의 절대 정신은 자기완성의 궤적을 지닌다. 자기를 실현하기 위해 절대 정신은 반드시 먼저 반대되는 대립 면을 잘라 내 '절대적'인 것을 '상대적'인 것으로 만든다. '절대적'인 것은 정지하여 움직이지 않고 시간도 없다. 하지만 변화와 실현은 시간 속에서만 진행된다.

'상대적인' 것이어야만 시간이 생기고, '정립'과 '반정립'의 변화가 나타나게 된다. '정립'과 '반정립'의 상호 충돌은 '상대적인' 환경 속에서 전면적인 승부가 나는 것이 아니라 그 가운데서 '종합'을 도출해 낸다. 이 '종합'은 원래의 '정립'이나 '반정립'과 같은 차원에 있는 것이 아니라 보다 높은 차원으로 승화하는 동시에 새로운 '정립'을 구성한다. 절대 정신은 이런 방식으로 한 걸음 한 걸음 자기의 궁극적 실현에 다가선다.

이것이 헤겔식 역사관이다. 역사에는 목적과 방향이 있다. 겉으로 보기에 아무리 다변적이라 해도 실질적으로 역사는 항상 일정한 목적과 방향을 향해 전진한다. 길을 빙 둘러 우회하기는 하지만 전체 방향은 필연적으로 나아간다.

반면에 마르크스가 묘사한 역사 변화는 종종 뒷걸음질 치기도 한다. 역사는 인간 자신이 끊임없이 소외되고 인간과 세계의 관계가 끊임없이 악화되는 과정이다. 인간은 원초적

'낙원'을 떠나 '낙원'에서 갈수록 멀어지고 있다.

'낙원'은 '소외'되기 이전의 삶으로서 삶 자체가 목적이 되는 이상적 상태를 말한다. 마르크스 철학에 관한 논의 전체에 은근히 스며들어 있는 일관된 맥락은 인간이 어떤 목적을 위해 어떤 수단을 설계했지만 오래지 않아 수단이 목적을 대체하고 인간은 원래의 목적을 잊어버린다는 것이다. 그런 다음 이 '소외'된 이후의 목적을 위해 인간은 다시 또 다른 수단을 설계하지만 결국에는 또다시 수단이 목적을 대체하는 결과를 낳고 만다.

이처럼 한 겹 한 겹 반복되는 수단과 목적의 교란은 한 차례 또 한 차례 '소외'의 효과를 축적하고, 갈수록 최초의 궁극적인 목적에 가까이 다가가지 못할 뿐 아니라 반대로 시간의 흐름에 따라 더 멀어진다.

경제의 측면에서 볼 때 인간은 살아가기 위해 자연을 변화시켜 인간의 필요를 만족시켜야 했고, 이것이 생산 행위다. 생산이 인간의 삶을 위해 자연을 변화시키는 것이라면 삶은 목적이 되고 생산은 수단이 되어야 한다. 하지만 생산은 빠르게 삶을 추월하여 모든 상황을 뒤집어엎었다. 인간은 살아 있는 한 반드시 생산을 해야 하고 수많은 사람이 생산을 하기 위해 산다. 그다음 단계에서는 생산의 효율을 높이기 위해 분업이 이루어진다. 분업은 수단이고 생산은 목적이다. 그렇지만 분업 시스템은 점차 고정되고 되돌릴 수 없게 된다. 사람들은 곧 분업의 틀에 묶인다. 방직 노동자는 매일 기계를 조작하여 천을 생산하지만 자신을 위한 옷을 만들 시간이 없다. 자신을 위해 보리를 파종할 수도 없고 자신을 위해 책을 읽을 수도 없다. 옷을 만드는 것은 재봉사의 일이고 보리를 파종하는 것은 농부의 일이며 책을 읽는 것은 교수의 일이다. 이리하여 분업이 또 생산과 삶을 초월하여 목적이 된다.

변화는 여기서 멈추지 않는다. 나중에는 분업의 운용에 맞춰 교환 행위가 나타난다. 교환이 수단이고 분업이 목적이다. 그러나 오래지 않아 이 수단의 위상이 크게 올라가면서 목적으로 변한다. 마르크스의 개념에 따르면 분업에서 비롯한 합리적인 교환도 대등하지 않은 '사용 가치'에 기초한다. 예컨대 너무 많은 보리를 심은 탓에 남게 된 보리는 '사용 가치'가 그다지 크지 않다. 이로 인해 보리를 심은 사람은 기꺼이 보리를 가지고, 채소를 너무 많이 생산해 채소가 그리 큰 '사용 가치'를 지니지 못하는 사람을 찾아가 채소와 교환한다. 이리하여 쌍방 모두 교환을 통해 비교적 높은 '사용 가치'를 얻게 된다.

그러나 나중에 오는 교환 시스템에서는 '사용 가치'가 사라진다. 사람들은 이제 더 높은 '사용 가치'를 위해 교환하는 것이 아니라 돈을 벌기 위해 교환하게 된다. '사용 가치'가 없던 수많은 물건이 가장 활발하고 환영받는 교환 상품이 된다. 사람들이 미래의 튤립을 사고 대기업의 주식을 사는 것은 이것늘에 '사용 가치'가 있기 때문이 아니라 순수하게 팔아서 돈을 벌기 위해서다. 여기에서 이중의 '소외'가 발생한다. 교환이 분업이라는 원래의 목적을 초월해 버린다. 또한 본래 교환과 교환의 수단이었던 화폐가 교환의 목적이자 주재자로 변신한다.

우리는 이처럼 지속적으로 타락하는 세계에 살고 있다. 이는 '소외'의 심연이다. 그리고 화폐는 이 심연의 밑바닥에 도사린 어둠의 주재자다.

거치 혹은 저축이 가능한 화폐가 자본에 출구를 찾아 주다

원래 화폐의 기능은 가격을 실체화해 서로 다른 물건 사이의 교환을 편리하게 하는 것이다. 화폐는 사회가 공동으로 만든 가정이다. 돈 2,000원이 우산 한 자루의 가격이라고 가정하고 이에 대해 우리 모두가 동의한다면 우리는 2,000원으로 우산을 살 수 있다. 빵 하나에 1,000원이라는 가격을 가정하고 우리 모두가 동의한다면 우리는 1,000원을 주고 빵을 살 것이다. 이리하여 우리는 우산과 빵을 직접 교환하지 않아도 된다. 우산 하나를 빵 두 개와 바꾸거나 빵 네 개를 우산 두 개로 바꿔야 한다면 얼마나 불편하겠는가!

화폐의 중개를 통해 교환은 아주 간단해지고 교환 범위도 큰 폭으로 확장된다. 화폐 자체는 아무런 가치도 없지만 공동의 인정에서 나온 가치가 그 대표성을 승인하여 교환 과정에서 가치를 실현하게 된다. 화폐는 '거치 교환'을 가능하게 해 준다. 화폐가 없다면 우리는 배가 고플 때 우산을 들고 나가 빵과 바꿔야 한다. 화폐가 있어서, 우리는 비가 오는 날 우산을 필요로 하는 사람들에게 우산을 팔아 2,000원을 벌고, 다음 날 먹을 것이 필요하면 그 돈으로 빵을 살 수 있다. 이것이 '거치 교환'이다.

'거치 교환'의 전제는 화폐가 가치를 대표할 뿐 아니라 가치를 저축할 수 있는 기능을 가져야 한다는 것이다. 오늘 내가 우산을 팔아서 번 돈 2,000원은 내일 들고 나가 빵을 사 먹을 때도 여전히 2,000원의 가치를 가지고 있어야 한다. 보드게임 '모노폴리'에서 쓰이는 돈을 상상해 보자. 이 게임에서는 2만 원으로 '전기 회사'를 살 수 있다. 하지만 이런 가치는 이 게임에서만 유효하다. 이 게임에서 벗어나면 2만 원이라는 가치는 사라진다. 장난감 돈이라서 그렇다고 할지도 모른다. 하지만 '진짜 돈'도 자체적인 내재 가치를 지니고 있지 않다! 조폐 공사에서 5만 원짜리 '진짜 돈' 한 장을 인쇄하는 데는 몇 푼 들지 않는다. '진짜 돈'의 가치는 이 사회의 모든 사람이 그 액면 가치를 인정하기 때문에 발생하고 효력이 유지된다.

모든 사람의 동의와 '거치 교환'이 가져온 편리로 인해 화폐는 가치를 저축할 수 있는 기능을 갖추게 되었고, 아울러 가치를 전환하거나 축적할 수 있게 되었다. 원래 사람마다 다르고 끊임없이 변동했던 '사용 가치'는 이제 '화폐 가치'로 전환되어 고정되고 축적되기 시작했다.

이게 무슨 의미일까? 모두들 경제학의 대단히 기본적인 개념 가운데 하나인 '한계 효용 체감'에 관해 들어 보았을 것이다. 어떤 사람이 사막에서 곧 목이 말라 죽을 처지에 있다고 가정해 보자. 갑자기 대상隊商이 나타나자 이 사람은 얼른 정신을 차리고 물을 얻기 위해 대상에 가까이 다가간다. 물론 대상을 이끄는 사람은 상인이라 즉시 물의 가격을 제시한다. 물을 담은 가죽 포대 하나를 주는 대가로 그가 가진 돈의

3분의 1을 달라고 한다. 와! 가진 돈의 3분의 1을 주고서 목숨을 보전할 수 있다니, 값이 너무 싸다. 그는 이렇게 생각하고 당장 돈을 꺼내 그들이 후회할까 두려워하며 얼른 물을 마시고 목숨을 건진 걸 다행으로 여긴다. 그러나 갈증이 완전히 사라지지는 않았다. 입과 몸이 더 많은 물을 갈망했다. 대상은 같은 가격으로 물이 든 가죽 포대 하나를 더 팔려고 한다. 이 사람은 잠시 주저하다가 1분쯤 지나서야 두 번째 가죽 포대를 사기로 마음먹고는 곧장 이 포대에 든 물마저 다 마셔 버린다. 그러자 상인 하나가 친절하게 같은 가격에 물을 한 포대 더 사는 것이 어떠냐고 묻는다. 이 사람은 즉시 고개를 가로젓는다. "고맙긴 하지만 사양하겠습니다."

세 포대의 물의 가격은 동일하지만 구매 욕구에는 커다란 차이가 있다. 세 포대의 물이 이 사람에게 갖는 의미도 다르고 효용도 다르기 때문이다. 첫 번째 포대의 의미와 효용이 두 번째 포대보다 더 크고 두 번째 포대의 의미와 효용이 세 번째 포대보다 크다. 효용은 부족할수록 높아지고 넉넉할수록 낮아진다. 이것이 '한계 효용 체감'의 법칙이다.

'한계 효용 체감'으로 인해 사람들은 가치를 저축하기 어렵다. 지금 어떤 사람이 자전거 한 대를 휴대전화와 바꾸려 한다고 가정해 보자. 이 두 가지 물건의 가치는 이 사람에게 동일하다. 이 사람이 두 번째, 세 번째, 심지어 네 번째 자전거를 갖게 되었을 때, 그가 현재 휴대전화 네 대에 해당하는 가치를 축적했다고 말할 수 있을까? 그럴 리 없다. 각각의 자전거는 이 사람에게 더 이상 중요하지 않고, 상대적으로 휴대전화가 없어 휴대전화가 필요하기 때문이다. 이때 누군가 휴대전화를 자전거 두 대와 바꾸자고 한다면 아마도 이 사람은 신이 나서 당장 그렇게 하자고 할 것이다.

이 사람은 자전거 네 대를 가지고 있지만 이런 축적 과정에서 이들 자전거의 가치는 휴대전화에 비해 50퍼센트로 절하된다. '한계 효용 체감'이 물건의 축적과 가치 축적의 기능을 파괴할 수 있다는 것을 보여 주는 예다.

이는 화폐가 없는 사회에 빈부 격차가 그리 크지 않은 이유다. 북아메리카 인디언 사회에는 포틀래치potlatches라 불리는 유명한 습속이 있다. 이 행사의 하이라이트는 인디언 사회에서 아주 가치 있는 것으로 여겨지는 담요를 여러 장 불에 넣고 태우는 것이다. 이는 사회적 지위와 부를 가진 사람들이 동족에게 자신들의 부를 과시하는 방식이다. 이런 행위는 얼핏 보면 매우 이상하다. 어째서 멀쩡한 담요를 태워 버린단 말인가? 이렇게 태워 버리면 재산이 더 감소하는 것이 아닐까? 그리고 자신과 남들 사이의 재산 차이도 줄어들게 되는 것이 아닐까? 포틀래치를 거행하고 나면 모든 사람은 그가 더 이상 이전처럼 부유하지 않다는 것을 알게 되는데 이것이 어떻게 '부를 과시하는' 방식이 될까?

하지만 '한계 효용 체감'이 화폐가 없는 사회에서 어떤 작용을 하는지 이해하면 부를 과시하는 '포틀래치'가 충분히 일리 있는 행동임을 알게 된다. 보통 사람들의 집에는 담요가 두 장밖에 없어서 겨울이 되면 이걸로 추위를 견뎌야 한다. 이 담요가 없으면 얼어 죽을 수도 있다. 하지만 추장의 집에는 60장의 담요가 있다. 그 가운데 3장을 태워 버려도 그 가족이 겨울을 나는 데 별 영향이 없다. 어차피 남는 담요는 '한계 효용 체감'을 거친 뒤에는 그다지 높은 필요 가치를 갖지 못한다. 남는 담요를 태워 이 사회에서의 담요의 희소성을 유지함으로써 담요는 계속 부와 지위를 상징하는 기능을 할 수 있게 된다.

화폐가 없는 사회에서는 가치의 축적이 아주 어렵다. 담요가 많이 쌓이면 곧장 '한계 효용'의 문제에 부딪친다. 방법을 강구해서 담요의 수량을 감소시키지 않으면 담요는 금세 가치 저축의 기능을 상실한다. 따라서 담요를 쌓아 두는 것보다는 태우는 편이 더 합리적이다.

그러나 화폐가 생긴 뒤로는 모든 것이 달라졌다. 화폐는 거치와 보관, 축적이 가능하다. 화폐는 원래 교환의 수단이었지만 교환을 거치면서 그다음 교환까지 가치를 그 안에 보존하게 되었다. 화폐의 기능은 사람에게 새로운 욕망을 제공해, 가치가 화폐의 형식으로 존재하면 화폐에는 무한한 실현 가능성이 생긴다. 따라서 우리는 화폐 안에 저축된 가치를 황급히 다음 교환을 통해 실현하려고 조급해할 필요가 없게 된다. 차라리 가치가 계속 화폐 안에 남아 있게 하는 편이 낫기 때문이다.

이 새로운 욕망은 한 걸음씩 발전하면서 결국 목적과 수단을 뒤집고, 『자본론』에서 말하는 '상품-화폐-상품'에서 '화폐-상품-화폐'로 바뀌는 변화를 불러온다. 교환은 더 이상 우리에게 필요한 물건을 바꿔 얻기 위한 수단이 아니라 좀 더 많은 화폐를 축적하거나 화폐 안에 가치를 축적하기 위한 수단이 된다.

이때부터 화폐와 그 교환 대상의 구체적 관계는 단절되고 화폐는 추상적인 가치 존재가 된다. 내 지갑에 든 3만 원은 지폐의 추상적 가치이므로 이 3만 원으로 어떤 물건과 바꿀 수 있는지는 알 수 없다. 사실 이 3만 원을 보면서 우리가 가장 원하는 것은 이 3만 원으로 어떤 상품을 교환할지가 아니라 어떻게 하면 이 돈을 5만 원 또는 10만 원으로 만들 수 있을까 하는 것이다.

100만 원과 80만 원 가운데 어느 쪽이 좋은가? 200만 원과 100만 원 가운데 어느 쪽이 좋은가? 이런 질문을 받으면 아마도 우리는 그게 무슨 바보 같은 질문이냐고 되물을 것이다. 대답이 너무나도 자명하기 때문이다. 돈은 당연히 많을수록 좋다. 왜 돈이 많을수록 좋으냐는 멍청한 질문에도 굳이 대답할 필요가 없을 것이다. 우리가 이처럼 추상적인 시각으로 화폐를 대하며, 화폐를 늘리고자 하는 욕구를 가질 때 우리는 이미 자본주의의 논리에 따라 잠재적인 자본가가 된다. 우리의 마음속에서 '사용 가치'는 사라지고 상품은 주변으로 밀려나며, 중심을 화폐 자체의 추상적인 숫자가 차지하게 된다. 화폐야말로 중심이고 목적이다. 이것이 바로 자본주의의 사고방식이다.

영화 『쥬라기 공원』에는 "생명은 스스로 자기 길을 찾는다."라는 명구가 나온다. 이 영화의 내용에 따르면 우리는 이 말을 "자본은 스스로 자기 길을 찾는다."라고 바꿀 수 있을 것이다. 인간의 왜곡된 욕망으로 구성된 자본은 부활한 공룡처럼 이 세계가 저항할 수 없는 거대한 힘을 갖게 된다. 자본이라는 괴물은 거의 맹목적인 충동에 가까워 자기를 위해 스스로 나아갈 길을 찾고 계속 성장하고 확장할 것이다.

화폐가 자본이 되면서 우리는 돈은 많을수록 좋다는 논리를 맹목적으로 받아들이게 된다. 이런 논리는 자본이 스스로 성장하고 확장할 수 있는 길을 열어 준다. 이 길이 막히면 다른 길을 열고, 조금 막힌다 싶으면 얼른 길을 바꾼다. 19세기에 이 괴물은 '생산 수단을 통제하는' 길을 열고자 했고 그럼으로써 가장 빠르고 효과적으로 자신을 키울 수 있었다. 오늘 이 시대에 이르러 이 괴물은 또 다른 수많은 길을 뚫으려 시도하고 있다. 그 가운데 하나가 금융 상품의 조작이다. 그리하여 21세기의 첫 10년이라는 아주 짧은 시간 동안 벌써 여러 차례 금융 위기가 발생했다.

자본가의 생산 수단 독점으로 일어난 계급 분화

『자본론』 제17장에서 마르크스는 '속류 경제학'을 전면적으로 비판한다. 그리고 제3권 제49장부터 제52장에 걸쳐 '속류 경제학'이 범한 착오를 설명한다.

제17장에서 마르크스는 상당히 중요하지만 쉽사리 이해되지 않는 말을 한다. "속류 경제학에서 말하는 '노동 가치'는 사실 '노동력 가치'의 한 가지 견해일 뿐이다." 마르크스는 '노동 가치'와 '노동력 가치'는 서로 다른 것인데 '속류 경

제학'에서는 이 양자를 하나로 간주하여 논하고 있다고 지적한다.

마르크스가 지적하고자 하는 바는 이렇다. 자본주의가 일어나고 공장 제도가 형성되기 전에 장인은 생산 원료와 생산 수단, '노동 가치'를 결합한 제품을 판매했고, 제품을 통해 '노동 가치'를 실현했다. 하지만 자본주의 사회에서 노동자는 더 이상 생산 수단을 보유하고 있지 않고, 동시에 제품과의 직접적 관계를 박탈당했기 때문에 가장 순수한 '노동력'을 파는 수밖에 없다. 생산 수단을 보유한 장인의 '노동 가치'는 제품을 따라 함께 움직인다. 기술이 좋으면 제품도 좋고 '노동 가치'도 오른다. 반면 공장 노동자의 노동에는 이러한 '질적' 요소가 없기 때문에 그의 노동력은 순수하게 계량화되는 개념으로 전락하고 만다. 자본가는 노동자의 기술과 품질에는 별 관심이 없다. 그저 노동자가 공장에서 얼마나 많은 노동 시간을 소모하는지에만 관심을 가질 뿐이다.

자본이라는 괴물은 일단 부화하여 성장하고 나면 생산 수단을 구매하고 독점하는 방식으로 자신을 키운다. 어떤 방법으로 구매에서 독점에 이르게 되는 것일까? 가장 효과적인 방법은 생산 수단을 갈수록 더 비싸게 만들어 개인 사업자인 장인이 더 이상 생산 수단을 보유할 수 없도록 하는 것이다.

마르크스가 산업 혁명 및 산업화에 대해 제시한 이 비판적 견해는 오늘날 유행하는 역사 상식과는 사뭇 다르다. 우리의 상식에서는 증기 기관이 발명되면서 기계가 인간의 노동을 대신하고 생산력이 큰 폭으로 향상된 산업 혁명을 긍정적으로 본다. 이것들이야말로 현대 사회 진보의 기초다.

마르크스의 생각은 달랐다. 그는 집적된 거대 자본이 증기 기관이라는 거대 생산 수단의 출현을 가능하게 했다고 보았다. 증기 기관의 발명에는 지식적 측면과 실험적 측면이 있지만, 사회 가치와 사회 조직으로서의 특징도 있음을 잊지 말아야 한다. 더 중요한 것은 증기 기관을 발명하고 이용하기 시작한 뒤로 이처럼 거대한 기계는 필연적으로 더 이상 노동자의 것이 될 수 없었다는 사실이다. 기계는 '커지는' 방향으로 발전해 갔다. 그래야 자본을 가진 사람에게 유리하기 때문이다.

이것이 역사적 사실이지만 마르크스는 우리에게 더 생각해 보도록 요구한다. 산업 혁명이 정말로 증기 기관이라는 이 대형 기계만으로 성공했는지, 증기 기관이 아니라 장인도 자유롭게 보유했던 소형 생산 수단이 혁명적인 변화의 중점은 아니었는지, 증기 기관이 이전의 고로나 수차에 비해 장

인의 노동 시간을 줄이고 생산을 높이기는 했지만 그 독립성
을 파괴한 것은 아닌지.

산업 혁명과 자본주의는 함께 발전했다. 동시에 발전했
을 뿐 아니라 서로 영향을 미치면서 상부상조했다. 자본은
산업 실험이 대형 기계의 발명 쪽으로 발전하게 도왔고 산업
혁명은 자본이 생산 수단을 독점하고 자기 성장과 확장을 가
속화할 수 있게 해 주었다. 산업 혁명과 자본주의가 손을 잡
은 뒤로 사회에는 갈수록 더 심각한 계급 분화가 일어났고,
사람들은 자본과 생산 수단을 보유한 자산 계급과 생산 수단
을 결여한 채 '노동력 가치'를 팔 수밖에 없는 프롤레타리아
로 분화되었다.

뭐라고 부르든 간에 이 사회에서 인간에 대한 가장 주요
한 구분은 생산 수단의 유무로 나뉜 두 계급이다. 이 두 유형
의 사람과 자본은 완전히 다른 관계를 맺고 있고 생산 과정
에서도 완전히 다른 지위에 놓여, 이로부터는 절대로 혼동이
일어나지 않는다. 같은 사회 시스템 안에 있으면서도 이 두
계급의 차이는 분명하여 절대로 뒤섞이지 않는다.

이는 복권에 비유할 수 있다. 복권은 거대한 시스템이
며 그 안에는 분명하게 구별되는 두 종류의 사람이 있다. 하
나는 당첨된 사람이고, 하나는 들러리만 서고 낙첨된 사람이

다. 당첨된 사람의 이 거대한 당첨금은 대체 어디에서 오는 것일까? 당첨금은 복권 관리 회사가 아니라 낙첨된 대부분의 복권 구매자로부터 온다. 당첨자가 발표되면 두 가지 유형의 사람이 아주 분명하게 구분된다. 하나는 당첨된 사람이고, 다른 하나는 당첨금의 일부에 공헌해 당첨지가 신 나서 집에 돌아갈 수 있도록 한 사람이다. 양자 사이의 차이는 너무나 명백하다.

낙첨자는 자신들의 재산을 모아 당첨자의 재산을 만들어 준 셈이 된다. 이 재산은 당첨자가 창조하거나 축적한 것이 아니다. 이와 같은 논리로 자본가와 프롤레타리아를 구별할 수 있다. 한쪽은 자기가 만들어 얻은 것을 내놓은 사람이고 또 한쪽은 남이 얻은 것을 뺏는 사람이다.

우리는 왜 복권을 살까? 대부분의 경우 낙첨자가 되지만 스스로 낙첨자가 되고 싶어서 복권을 사는 사람은 절대 없다. 사람들이 복권을 사는 이유는 누가 당첨자가 되고 누가 낙첨자가 될지 아직 모르기 때문에 자신에게도 당첨될 기회가 있다고 믿기 때문이다. 당첨자와 낙첨자라는 신분은 번호가 발표되는 순간에 갈린다.

자신이 당첨자가 될 수 있다는 믿음 때문에 아흔아홉 번 낙첨되고서도 백 번째 당첨의 기회를 기대한다. 이와 유사한 현상은 노동자에게서도 나타난다. 자본가가 끊임없이 노동자의 노동 '잉여 가치'를 자기 것으로 하는데 노동자는 왜 계속 자본가를 위해 공장에서 일을 하는 것일까? 한 가지 이유는 생산 수단이 방대해져서 개별 노동자가 보유할 능력을 넘어서기 때문이다. 그의 '노동력'은 생산 수단과 결합해야만 가치를 만들 수 있으므로 이 자본가를 위해 필사적으로 일하지 않는다 해도 다른 자본가를 찾아가 죽을힘을 다해 일할 수밖에 없다. 자본가가 자신과 노동자의 사이에 존재하는 계급 이익을 인식하고 단결한다면 노동자도 생존을 위해 힘을 합치는 수밖에 없다.

또 다른 이유는 자본가가 생산 수단을 통제할 뿐 아니라 노동자의 의식을 '조작'할 수 있는 갖가지 사회적 수단을 가지고 있다는 점이다. 이러한 조작으로 인해 노동자는 자신과 자본가 사이에 절대로 넘을 수 없는 장벽이 있음을 깨닫지 못하고 자신에게도 자본가가 될 기회가 있다고 믿는다. 마르크스의 용어로 표현하면 이는 노동자 자신의 계급 의식을 혼란시키고 말살함으로써만 가능한 일이다.

기회라는 것은 상당히 미묘하다. 49개의 숫자 가운데 6개를 뽑는 로또 1등에 당첨될 확률은 1,400만분의 1이다. 우리는 통상 이러한 숫자를 별로 실감하지 못한다. 다른 사람이 이런 확률을 뚫고 1등에 당첨되어 수십억 원을 받는 것을 보면서 이것이 우리에게도 수십 억 원을 받을 수 있는 기회가 있음을 의미한다고 여기는 것이다.

노동자는 자본가의 재산을 보고, 자본가가 보유한 생산 수단이 아주 높은 위치에 걸린 것을 보며, 지본가가 노농자의 노동에 의지하여 쉽게 돈을 버는 것을 보면서 무슨 생각을 하게 될까? 마르크스가 '속류 경제학'을 공격하는 것은 이 중간에 있는 '기회 원리'를 본 노동자가 자본가의 이익을 합리화하거나 홍보하게 함으로써 자신에게도 자본가가 될 수 있는 기회가 있다고 착각하게 만들기 때문이다.

마르크스는 자본가의 재산이 전부 노동자의 손에서 빼앗아 간 것임을 강조한다. 마르크스 경제학의 의도는 노동자가 허황된 기회의 꿈에서 깨어나 자신이 만든 가치가 끊임없이 자본가의 방대한 재산으로 변하고 있다는 사실을 분명히 인식하게 하는 데 있다.

'상부 구조'와 '하부 구조'

'속류 경제학'은 자본가가 운용할 수 있는 사회적 도구 가운데 하나에 지나지 않는다. 보편적인 계급 이익의 관점에서 볼 때, 수많은 예의와 습관, 풍속, 제도 그리고 정부의 정책 결정 모두가 자본가에게 유리하다.

이것이 '상부 구조'와 '하부 구조'에 대한 마르크스 '역사 유물론'의 중요한 견해다. '하부 구조'는 생산력과 생산관계를 가리킨다. 이는 기본적인 경제 모델이며, 인간이 자연을 변화시켜 생산을 진행하는 방식이라 할 수 있다. '상부 구조'는 이른바 예의와 습관, 풍속, 제도, 사회 조직 그리고 문학, 철학, 예술의 총칭이다.

'상부 구조'와 '하부 구조'의 개념은 원래 마르크스의 총체성이라는 철학적 입장에서 비롯한다. 앞에서 설명한 바와 같이 마르크스는 본질적으로 철학자로서 결코 지식 분업의 방식으로 자기 이론을 세우지 않았다. 그는 모든 영역을 하나하나 나눠 자신은 인류의 경제 활동만 연구하고 싶을 뿐 나머지 영역은 자신의 지식과 무관하다고 선포할 생각이 없었다. 마르크스는 인류 활동에 대한 전면적인 해석을 수립하고자 했다. 이 부분에서 그의 야심은 헤겔과 일치했다.

마르크스가 경제 분야를 논의의 중심으로 선택한 것은 경제 영역에 익숙했기 때문이 아니라 자신의 그 전면적인 이론에서 경제 활동과 경제 행위가 가장 근본적이라고 여겼기 때문이다. 마르크스는 경제 또는 생산 활동이 인간과 분리할 수 없는 영역일 뿐 아니라 모든 인간 활동의 성질과 방향을 결정하는 가장 기본적인 요소라고 주장했다.

어떤 경제 생산 방식이 있으면 그에 따라 어떤 예의와 습관, 풍속, 제도, 사회 조직 내지 문학, 철학, 예술이 출현한다. 이로써 '하부 구조'가 '상부 구조'를 결정할 수 있음을 알 수 있다. '하부 구조'에서는 특히 생산관계가 가장 중요하다. 생산관계에서 가장 우세를 점하고, 가장 큰 이익을 얻는 쪽은 무슨 수를 써서라도 기존의 생산 이익과 생산 형식을 유지하려 들 것이다. 그들은 자신의 지위와 우세로 '상부 구조'의 내용을 조작할 수 있고, 당연히 자신의 가치를 '상부 구조'에 주입할 수도 있다.

생산관계에서 이익을 얻는 쪽의 가치관으로 물든 예의와 습관, 풍속, 제도, 사회 조직 그리고 문학, 철학, 예술은 모든 사회 성원에게 영향을 미칠 수 있는 힘을 갖는다. 이리하여 '상부 구조'는 '하부 구조'를 위해 복무하는 기능을 발휘하고 기존의 생산관계를 보호하고 강화하게 된다.

마르크스는 '상부 구조'의 독립성과 객관성을 인정하지 않는다. 그는 우리에게 극도로 불평등한 생산관계에서 자본가가 노동자와는 전혀 대칭되지 않는 이익과 권력을 가지고 있다고 일깨워 준다. 그 권력이 경제의 영역에 한정되어 다른 영역으로는 번져 갈 리 없다고 생각할 이유는 없다. 예의와 습관, 풍속, 제도, 사회 조직 그리고 문학, 철학, 예술은 이런 권력의 침범을 받지 않는 상황에서 객관적이고 독립적으로 발전할 수 없다. 자본주의 사회에서 예의와 습관, 풍속, 제도, 사회 조직 그리고 문학, 철학, 예술은 필연적으로 자본주의의 권력과 그들이 추구하는 이익의 입장을 반영한다.

자본가는 생산 수단을 통제함으로써 신속하게 노동자의 '잉여 가치'를 빨아들여 자신의 부를 축적하고, 생산관계에서 점한 우세를 이용하여 '상부 구조'의 다른 비非경제 영역에도 자신의 이익을 반영시킨다. 그리하여 전체 사회는 자본가가 노동자를 '조작'하기 위한 시스템으로 개조된다.

'노동력 가치'의 판매자로 전락한 노동자는 지불하는 노동력에 상응하지 않는 빈약한 임금을 받을 뿐 아니라 자본 가치가 조성하는 사회 환경에서 살면서 이런 생활이 합리적이라고, 적어도 필연적이어서 이것 말고는 다른 선택이 없다고 착각하게 된다.

마르크스는 사회의 모든 영역과 생활의 모든 부분에서 자본주의 조작의 그림자를 발견했다. 이 그림자는 없는 곳이 없다. 게다가 우리에게 가장 고집스럽게 그림자란 없다고 말하는 것이 바로 이 가장 크고 무서운 그림자다. '하부 구조'

와 '상부 구조'의 정의를 받아들이든 말든, '하부 구조가 상부 구조를 결정한다.'라는 원칙을 믿든 말든 마르크스 이후로 대부분의 사람이 예의와 습관, 풍속, 제도, 사회 조직 그리고 문학, 철학, 예술을 보는 눈은 이미 변했다. 사람들은 모두 더 이상 이러한 인류 활동과 경제 사이의 관계를 무시할 수 없게 되었다. 또한 더 이상 순진하게 이 모든 것이 독립된 개별 영역으로서 독립된 개별 기준을 가지고 있으며, 배후에서 어떠한 경제 이익의 영향도 받지 않는다고는 믿지 않게 되었다.

'상부 구조'가 강요하는 가치관

'조작'의 그림자를 의식하면 우리는 수많은 일에 다른 견해와 해석을 갖게 된다. 예컨대 오늘날 우리는 타이완 사람의 노동과 성실, 근검절약을 이야기하면서 이 모든 것을 전통적인 미덕으로 간주한다. 심지어 신세대 젊은이에게선 이런 미덕을 찾아볼 수 없다고 한탄하기도 한다. 순수하게 도덕적 시각에서 노동과 성실, 근검절약의 습성을 이야기하는 것이다. 하지만 마르크스의 깨우침에 따라 다시 역사로 돌아가 타이완 사람이 왜 노동과 성실, 근검절약을 중시하는지 따져 보면 전혀 다른 해답을 찾을 수 있을 것이다.

적어도 두 가지 참고할 만한 단서가 있다. 다름 아닌 타이완 사회의 높은 저축율과 집단적 안전 보장의 결핍이다. 산업화 과정에는 대량의 자금이 필요한데, 이 자금은 어디서 올까? 외채를 끌어들이는 것도 한 가지 방식이 되겠지만 외채에는 이자가 수반된다. 연이율 5퍼센트의 외채를 끌어들여 산업화에 투자한다는 것은 우리의 투자 소득이 매년 5퍼센트 이상 성장해야만 이익을 얻을 수 있다는 의미다. 초기의 투자는 종종 이런 목표에 도달하지 못하지만 그래도 이자는 지급해야 하므로 금세 자금을 소진하게 되어 다시 외채를 받아들여 운용하게 된다. 그 결과 국가에 산업이 형성되기는 하지만 전체적인 부는 증가하지 않고 국민은 성장의 이익을 누리지 못한다. 수익을 외채의 이자가 전부 먹어 치우기 때문이다.

타이완은 이처럼 외채를 끌어들여 산업을 발전시키는 길을 가지 않았다. 타이완 초기 산업화의 자본 축적은 정치 수단을 통한 내부 착취를 통해 이루어졌다. 그 가운데 한 가지 방법은 정치적으로 농민을 억압하여 농가가 얻어야 할 이윤을 산업 자본으로 전환한 것이었고, 또 다른 방법은 소비를 억제하고 저축을 자극하여 국민의 저축을 산업 자본으로 활용한 것이었다.

하지만 국민의 저축도 외채와 마찬가지로 이자를 지급해야 하는 게 아닌가? 괜찮다. 정부가 외채를 들여올 때는 이자를 지급하지 않을 방법이 없지만 국민의 저축 이자를 압박해 내리는 방법은 무수히 많다. 그중 한 가지는 가정 저축의 필요성을 강조하고 국민이 저축하지 않으면 안 되는 동기를 만들어 이자가 아무리 낮아도 순순히 저축하도록 하는 것이다.

가장 강력한 저축 동기는 생활의 안정감 결여다. 모두들 강철 로프 위를 걷는 것처럼 불안하게 생활하고 있고 자신이 언제 로프에서 떨어질지 모른다면 로프 아래 자신을 받아 줄 안전망이 설치되기를 기대할 것이다. 국가의 사회 복지가 바로 이런 안전망이다. 몸에 병이 나면 건강 보험이 받쳐 주고, 직장을 잃었을 때는 실업 급여가 받쳐 준다. 늙어서 더 이상 일을 할 수 없게 되면 퇴직 연금과 국민 연금이 받쳐 주어 삶의 로프에서 떨어지더라도 다시 기어 올라갈 수 있다.

그러나 건강 보험도 없고 실업 급여도 없으며 퇴직금과 국민 연금도 없고 안전한 복지 시스템이 전혀 없는 환경에서 살게 된다면 어떨까? 자신에게 의지하는 수밖에 없다. 스스로 소비를 줄이고 수중에 있는 돈으로 넉넉지 않은 생활을 하면서 저축으로 만일의 사태에 대비해야 한다. 그런 돈으로 안전망을 만들고자 할 때 가장 먼저 고려하는 것은 이율이 아니라 안전일 것이다.

계를 들면 비교적 많은 이자를 받을 수 있다. 그러나 계가 깨지면, 미안하지만 누구에게 하소연해도 소용이 없다. 내일 가족 중에 누군가 병이 날지, 누가 내일 직장을 잃을지 미리 확실하게 알 수 있을까? 만일의 사태에 대비하려고 든 계가 깨져 버리고 경찰도 도와주지 않고 법원도 나 몰라라 하는 상황에 처한다면 스스로 위험을 부담하는 수밖에 없다. 이리하여 계의 이자가 아무리 높다 해도 감히 가진 돈 전액으로 계를 들지는 않을 것이고, 상당 부분을 은행에 저축하게 된다. 그리고 우리가 이렇게 저금리를 감수하고 은행에 맡긴 돈을 정부에서 가져다 산업화를 추진하는 자금으로 사용한 것이다.

이뿐 아니라 당시의 타이완에는 외화 관리 제도와 수입 관리 제도가 있었다. 아주 오랫동안 개인의 외화 보유가 금지되었다. 상품을 수출해서 미국 달러를 벌어들이면 전부 1대 40의 고정 환율로 정부 기관에 가서 타이완 화폐와 바꿔야 했다. 1대 40이라는 환율은 타이완 화폐의 가치를 인위적으로 절하시키는 것과 다르지 않았다. 미국 달러를 벌어 타이완 화폐를 사는 것은 수지가 맞는 일이었다. 거꾸로 타이완 화폐를 벌어 미국 달러로 바꿔 쓴다면 이보다 더 멍청한 일이 없었다. 다행히 타이완 사람은 그렇게 멍청하지 않았다. 이 때문에 그들은 마음 내키는 대로 물건을 수입하지 않았고 돈을 최대한 절약하여 국내에서 소비했다. 물론 그 시대의 정부 관리와 통제 아래서는 외국에 나가 소비할 수 있는 기회도 주어지지 않았다.

이는 아주 작고 간단한 예일 뿐이다. 어쩌면 타이완 사람은 근검절약하도록 타고난 것도 아니고 전통 문화의 영향을 받은 것이 아니라, 특수한 정부 제도의 강압 탓에 이런 습관이 생겼는지도 모른다. 마르크스는 우리에게 예의와 습관, 풍속, 제도, 사회 조직 그리고 문학, 철학, 예술에서 당연한 것으로 간주되는 견해들을 의심하는 눈으로 다시 한 번 깊이 성찰해 보기를 권한다.

사실 '상부 구조'는 그다지 오묘한 것이 아니다. 우리의 행위를 규제하고 시비와 호오를 가릴 수 있도록 알려 주는 힘에 불과하다. 우리는 이러한 힘이 자신의 가치관을 형성하도록 받아들이고 이러한 힘이 강요하는 통제를 인정하기 때문에 이러한 힘의 존재를 감지하지 못하게 된다. 마르크스는 우리에게 계급 이익의 시각에서 이러한 힘을 분명하게 보라고 요구한다. 모두가 이러한 가치를 믿고 받아들일 때 누구에게 이로운가? 우리 자신인가, 아니면 사회에서 더 많은 돈과 권력을 장악하고 있는 사람인가?

'상부 구조'에는 어떤 이익 중립의 가능성도 없다. 가장 대단한 권력자는 직접 우리를 잡아다가 형장에 세우는 사람이 아니라 우리를 목매달아 죽일 것임을 뻔히 알면서도 우리 스스로 기꺼이 밧줄을 사게 하는 사람이다. 마르크스는 예의와 습관, 풍속, 제도, 사회 조직 그리고 문학, 철학, 예술을 완전히 새롭게 바라볼 수 있는 관점을 열었고, 지난 100여 년 동안 무수한 사람이 마르크스가 제시한 이 방향을 사유하고 탐색했다.

소수 엘리트의 조작 수단으로 전락한 국가

국가도 '상부 구조'의 일부다.

마르크스는 "종교는 인민의 아편이다."라는 명언을 남겼다. 이는 종교에 대한 가장 큰 도발이자 심각한 모욕이었다. 그는 종교의 신성성에 반대했을 뿐 아니라 종교가 지지를 받은 이유가 사람들에게 도피할 수 있는 환각을 제공했기 때문이라고 역설했다. 19세기 이전까지만 해도 종교는 유럽 사회에서 가장 거대한 권력이었다. 마르크스는 당시 점차 쇠약해지는 종교의 권위에 도전한 데다 중천에 뜬 해처럼 위세를 더해 가는 또 다른 권위인 국가에도 도전했다.

"신의 것은 신에게, 카이사르의 것은 카이사르에게."라는 말처럼 마르크스 시대에는 신이 몰락하고 상대저으로 카이사르가 부각되었다. 민족 국가의 수립이 당시의 가장 활발하고 두드러진 현상이었다. 하지만 마르크스는 당시의 가장 격정적이고 요란했던 민족주의 구호에 동요하지 않고 '상부 구조'에 대한 비판을 국가로 확대하는 작업에 몰두했다.

"하부 구조가 상부 구조를 결정한다." 민족과 국가는 누가 뭐래도 '상부 구조'이기 때문에 생산력과 생산관계에 좌우되지 않을 수 없고 통치 계급의 이익을 반영하지 않을 수 없다. 솔직히 말해서 국가는 자산 계급이 노동자 계급을 압박하기 위한 수단에 지나지 않는다.

사람들은 왜 국가를 세우는 것일까? 많은 사람의 의지와 힘을 모아 서로 간의 충돌을 해소하고 서로 손을 잡고 많은 사람의 최대 행복을 창조하기 위해서다. 다시 말해서 국가는 원래 사람들의 행복을 보장하고 증진하는 수단이다. 하지만 사람들이 창조한 다른 수단과 마찬가지로 국가도 '소외'되고 말았다.

국가는 전체 국민의 수단에서 소수 국가 기관의 조작 수단으로 전락하고 말았다. 그리하여 이 소수 집단에 속하지 않는 대다수 사람에게 국가는 목적으로 변했고 대다수 사람은 국가의 존재를 유지시키고 국가가 어떤 추상적인 목적을 실현하는 데 사용되는 수단으로 전락했다. 우리가 이 나라를 사랑한다면 '애국'을 표현하는 방식은 국가를 위해 기꺼이 목숨을 바치는 것이다. 우리가 이 나라를 사랑하지 않는다면 '애국'하는 사람은 그들에게 우리를 돌로 쳐 죽일 권리가 있다고 여긴다. 이리하여 나라를 사랑하든 사랑하지 않든 간에 우리 생명의 가치는 국가보다 한참 더 낮은 자리에 처하게 된다. 이제 우리가 국가를 위해 존재하는 것이지, 더 이상 국가가 우리를 위해 존재하는 것이 아니다.

민족 국가에 대한 열정이 유럽 전체를 뒤덮고 있던 시대에 마르크스는 여전히 자신의 철학적 입장과 원칙을 고수하면서 침착하게 '소외론'으로 국가의 부조리하고 허황된 본질을 분석했다. 그렇기 때문에 그는 "노동자에게는 조국이 없다."라는 구호를 내놓을 수 있었던 것이다. 마땅히 우리를 위해 복무해야 할 국가가 갑자기 몸을 뒤집어 우리 등에 올라타고 주인 행세를 하며 자본가를 대표해 더 효율적으로 노동자의 이익을 착취할 때, 노동자는 왜 멍청하게 자신의 국가에 충성을 다해야 한단 말인가? 이런 상황에서 노동자가 국가에 충성을 다한다는 것은 자신을 도구화하고 '비인간화'하는 것과 같고, 순순히 자신의 목을 조를 밧줄을 사는 셈이 된다.

마르크스의 시대에 이르러 프로테스탄트 개혁과 셰몽주의로 시작되어 과학의 발달에 이르는 일련의 도전을 경험하면서 기독교 신앙과 기독교 교회의 권위는 이미 서산에 지는 해처럼 크게 약화되어 있었다. 이를 대신한 것이 국가의 개념과 국가의 권위다. 국가라는 새로운 신앙과 제국주의가 손을 잡고 성장하면서 서로 표리 관계를 형성했다. 가장 성공적인 제국주의 국가는 마르크스가 살았던 영국이다. 대영 제국은 '해가 지지 않는 나라'라고 불리면서 해가 비치는 곳이면 반드시 대영 제국의 영토가 있었고 태양이 그 영토에 펄럭이는 유니언 잭을 비춰 주었다. '해가 지지 않는 나라'의 국민이라면 커다란 자부심과 영광을 느끼지 않을까? 국가가 그들에게 이런 자부심을 주었다면 그들도 국가를 위해 뭔가 공헌을 해야 하는 것이 아닐까? 국가의 영광 앞에서 자신이 얼마나 미미한 존재인지 느껴야 하는 것이 아닐까?

19세기로 접어들면서 국가는 이처럼 중요해졌고 제국주의는 유럽 국가들을 격렬한 경쟁 상태로 몰아넣었다. 이리하여 국가와 국가 사이의 충돌은 기존의 종교와 종교, 교파와 교파 사이의 충돌을 대신하며 가장 중요한 긴장의 소재가 되었다. 종교의 배후에는 그나마 보편 가치라는 기초가 있었지만 국가는 필연적으로 분리되고 분열할 수밖에 없었다. 기독교의 몰락과 국가의 흥기는 보편 가치의 몰락과 분리 및 분열 세력의 득세를 의미했다.

수많은 국가가 발흥할 때, 다행히 사회주의와 공산주의는 일말의 보편 가치를 유지하고 있었다. 사회주의와 공산주의는 항상 제국주의나 민족주의의 대척점에 서 있었고 줄곧 국가를 뛰어넘는 국제 운동으로 존재했다.

제1차 세계 대전 이전까지만 해도 유럽에는 엄격한 비자 제도가 없었고 엄격하고 배타적인 국민 신분 제도도 없었다. 제1차 세계 대전은 국가 의식을 크게 강화하면서 유럽의 철저한 국경 분할을 완성했다. 이로써 유럽은 여러 나라로 분열되었고 19세기의 범유럽 의식은 종말을 고했다.

그 영향으로 공산주의의 국제 운동으로서의 이상도 크게 퇴색하고 말았다. 제1차 세계 대전 이전에는 다국적 조직인 '코민테른'이 공산주의 운동의 주력이었으나 그 이후에는 소련 공산당이 주력이 되어 공산주의 운동마저 국적과 국경을 갖게 되었다.

"서른 살 이전에 좌파였던 적이 없다면 그 사람은 틀림없이 잔혹한 냉혈한일 것이다. 서른 이후에도 여전히 좌파라면 그는 약으로도 구제할 수 없는 멍청이임에 틀림없다." 왜 이런 말이 나오게 된 걸까? 사람은 서른 살 이전에는 너무나 쉽게 보편적 이상을 믿는 경향이 있기 때문이다. 좌파와 사회주의, 공산주의의 주장은 기본적으로 보편적 이상이다. 보통 서른 살이 넘으면 사람은 자기중심적으로 변해 자아를 중시하게 되고 자기의 이익을 추구하게 된다. 이리하여 영리하게 좌파의 입장을 버리고 사회주의와 공산주의의 이상을 포기한다.

노동자의 편에 서다

"국가가 자신을 위해 무엇을 해 줄 것인지 묻지 말고, 먼저 자신이 국가를 위해 무엇을 할 수 있는지 물어라." 이는 전 미국 대통령 케네디가 남긴 명언으로 지금까지도 수많은 사람이 진리처럼 신봉하고 있다. 하지만 그가 취임 연설에서 이처럼 거창하게 이런 말을 할 수 있었다는 것만으로도 나는 그의 명성에 의심이 든다. 케네디는 대단히 좋은 이미지를 갖고 있어서 이상과 열정을 지닌 젊은 정치가로 인식된다.

하지만 그의 배후에 드러난 사료를 살펴보면 그가 한 일보다 한 말이 더 많은 사람임을 알 수 있다. 감동적인 명언에 대한 중시가 실제 업적을 초월한 것이다.

이처럼 국가를 중시하는 사람에게는 보편 가치에 대한 믿음이 없었다는 것은 사실이 증명한다. 상대적으로 케네디와 동시대 사람이자 이미지가 그에 비해 훨씬 형편없었던 존슨은 그보다 훨씬 성실하고 고상한 인품을 지니고 있었다. 거의 반세기에 달하는 시간이 지나서야 미국인은 서서히 케네디와 존슨에 대한 이미지를 교정하고 있다. 케네디는 그렇게 대단한 점이 없었고 존슨은 그렇게 졸렬한 점이 없었다고.

남부 텍사스에서 정치를 시작한 존슨은 백인의 지지를 얻어 선거에 승리했다. 그는 먼저 하원 의원에 당선되었다가 곧 상원 의원이 되었다. 상원 의원이 되었을 때는 겨우 마흔에 불과한 정치 초년생이었다. 그럼에도 그는 당시의 자격과 서열을 중시하는 권력 구조를 부수고 민주당의 당수가 되었다. 당시 민주당이 상원에서 다수당의 자리를 차지하고 있었으므로 그는 다수당의 당수였던 셈이다. 전임 다수당 당수, 즉 그에게 자리를 넘겨준 상원 의원은 일흔한 살이 되어서야 당수가 된 인물이었다.

그렇게 뻗어 나간 속도만 보아도 존슨의 정치력이 얼마나 대단했는지 알 수 있다. 그는 상원에서 금세 두 원로 정치가의 눈에 들었다. 이 두 정치인은 결혼을 하지 않아 자식도 없이 일생을 정치에 헌신했다. 존슨은 정치 수완을 발휘하여 두 원로의 마음을 사로잡았고 두 원로는 그를 아들처럼 여기면서 뒤에서 살뜰하게 보살피고 가르쳤다.

이 두 원로의 지원에 힘입어 존슨은 상원에서 벗어나 케네디의 경선 파트너가 되어 1960년에 부통령이 되었다. 그리고 1963년에 케네디가 저격을 당하자 그의 자리를 승계하여 대통령이 되었다.

대통령이 되어 존슨이 가장 먼저 시도한 도전은 의회에서 흑인의 진정한 정치 평등권을 보장한 '민권 법안'의 추진이었다. 링컨 대통령은 저격당하기 전인 1865년에 국회에서 '헌법 제14조 수정안'의 통과를 강행해 노예 제도를 폐지했다. 그러나 내전이 끝나자 승전한 북부에서는 전쟁으로 무너진 남북 관계를 회복시키기 위해 고심 끝에 한 발 물러나 남부에 충분한 자치 공간을 남겨 주었다. 이리하여 남부의 흑인은 법률적으로는 노예의 신분에서 벗어났지만 실질적으로는 여전히 일신의 안전을 보장받지 못했으며, 기본적인 정치 권리는 말할 것도 없었다.

1950년대에는 남부 흑인의 민권 운동 바람이 거세게 몰아쳐 미국 전역이 소요와 불안에 휩싸였다. 남부 출신인 존슨은 대통령이 되자마자 '민권 법안'으로 흑인에게 확실하고 든든한 평등을 보장해 주기로 마음먹었다. 의회에 줄곧 법안을 제출하면서 존슨은 전력으로 법안의 통과를 재촉했고, 거기에 단 한 줄도 수정하지 않고 그대로 통과시킬 것을 요구했다.

이미 보안이 해제된 백악관 집무실 녹취록에는 존슨과 러셀*의 대담이 남아 있다. 러셀은 존슨을 적극적으로 지지하고 도왔던 두 원로 정치가 가운데 한 사람이었다. 존슨과 러셀이 매우 친했던 것은 러셀도 텍사스 출신이었기 때문이다. 존슨이 대통령이 된 뒤로 러셀은 거의 매일 백악관에 들어가 그와 대화를 나눴는데, 중요한 일이 있을 때는 대화 시간이 길었고 특별한 일이 없을 때는 아주 짧아서 10분으로 끝날 때도 있었고 한두 시간씩 이어질 때도 있었다.

당시 러셀은 상원 군사위원회 위원장이었다. 그날 두 사람은 먼저 베트남 전쟁에 관해 얘기했다. 대단히 무거운 화제였다. 음울한 분위기 속에서 화제는 '민권 문제'로 옮겨 갔

---

* 리처드 러셀(Richard Russel, Jr., 1897~1971)은 조지아 주 출신의 미국 민주당 정치가다. 1931년부터 1933년까지 조지아 주 지사를 역임했고 1933년부터 1971년까지 40년 가까이 상원 의원을 지냈다. 1948년과 1952년의 민주당 전당 대회에서 대통령 후보로 선출되기도 했다. 보수적인 정치 성향의 그는 1937년부터 1963년까지 보수 연합(Conservative coalition)을 창설하고 이끌면서 수십 년간 민권 운동에 반대했다.

다. 존슨이 극도로 강경한 어투로 러셀에게 말했다. "저는 절대 양보할 수 없습니다. 이 법안은 원안 그대로 통과되어야 합니다. 위원장님이 제 앞을 가로막는다 해도 저는 제 뜻을 굽히지 않을 겁니다." 잠시 침묵이 흐른 뒤에 그가 한마디 덧붙였다. "제가 이러는 것은 위원장님을 염려하기 때문입니다."

이처럼 거칠고 배은망덕에 가까운 말을 듣고 러셀이 입을 열었다. "대통령 각하." 러셀이 존슨을 이처럼 정식 직함으로 부른 것은 일종의 항의 표시였다. "대통령 각하, 당신이 옳을지도 모릅니다. 하지만 경고하건대 내게 반대한다면 연임할 기회를 잃게 될지도 모르오." 러셀의 말은 사실이었다. '민권 법안'에 가장 극렬하게 반대한 것이 남부 백인이라 '민권 법안'을 통과시킨다는 것은 남부 백인의 표를 완전히 포기하는 것과 마찬가지였다. 게다가 남부는 존슨의 연고지였다. 러셀의 경고를 듣고 존슨은 담담한 어투로 말을 받았다. "그건 제가 알아서 할 일입니다."

결국 존슨은 '민권 법안'을 원안 그대로 통과시키는 데 성공했다. 이 소식이 백악관에 전해지자 존슨은 기뻐하는 동시에 낙심했다. 그는 왜 낙심했을까? 존슨의 내각에 있던 위버는 회고록에서 법안이 통과된 순간 존슨이 고개를 돌려 자신에게 이렇게 말했다고 기록했다. "한 가지 알려 줄 일이 있네. 나는 방금 남부 전체를 공화당에게 넘겨주었네. 단언하건대 우리가 살아 있는 동안 민주당은 남부에서 아무것도 할 수 없을 걸세."

존슨은 러셀의 말이 옳다는 것을 누구보다도 잘 알고 있었다. '민권 법안'이 통과되면 남부의 백인은 전부 공화당 쪽으로 기울 것이 자명했다. 남부 흑인은 존슨과 민주당에게 감사하겠지만 결국 흑인은 소수인 데다 흑인이 결집하여 어느 정도 투표 역량이 되려면 아직 한참을 더 기다려야 했다.

존슨은 갈수록 악화되는 베트남 전쟁 관련 여론 탓에 대통령 연임을 위한 경선을 포기했지만 사실 더 중요한 원인은 이미 권력의 토대를 잃었다는 데 있었다. 베트남 전쟁이 없었다 해도 그가 연임을 기대하기는 어려웠다. 그랬다. 그는 정치의 은인 러셀을 깔아뭉갰고 남부에서 자신이 속한 정당의 이익을 깔아뭉갰으며 자신이 최고 권력의 지위에 남을 수 있는 기회를 깔아뭉갰다.

그렇다면 그는 대체 왜 그랬던 것일까? 그는 교활한 정객이 아니었던가? 그는 교활했고 계산에 능했다. '민권 법안'이 통과되면 남부 지역에서 민주당과 자신은 끝장이라는 사실을 잘 알고 있었다. 그럼에도 그는 이런 선택을 했다. 첫 번째 이유는 그가 정계에 입문하기 전에 교사 생활을 하면서 가난한 학생의 생활을 목격했기 때문이다. 그는 흑인의 생활과 고통을 충분히 이해하고 있었다. 또 다른 이유는 국외의 베트남 전쟁과 국내에서 사회를 분열시키는 흑인 '민권 운동'에 동시에 대응할 수 없었기 때문이다. 하는 수 없이 그는 먼저 '민권 운동'을 원만하게 처리하고 베트남 전쟁의 해결에 전념하는 길을 택했다.

더 중요한 이유는 존슨이 마음속에 공평과 정의에 대한 보편 가치를 품고 있었고, 누구도 미국의 흑인처럼 살아서는 안 된다는 굳은 신념을 갖고 있었다는 것이다. 그의 지난 이미지와 일 처리 방식이 어쨌든 간에 '민권 법안'을 처리할 때의 존슨은 진정으로 고귀한 인물이었다. 그는 자신의 연임과 정당의 이익, 국가의 앞길을 전부 뒤로 미루고 가장 단순한 보편 가치, 즉 흑인을 더 이상 그런 굴욕과 고통 속에서 살지 않게 하겠다는 신념으로 돌아갔다.

이는 마르크스의 출발점이기도 하다. 그는 자신이 보았던 노동자의 생활을 더 이상 그대로 지속시킬 수 없었다. 이러한 보편 가치에서 출발했고 이런 보편 가치를 견지했다는 사실만으로도 마르크스는 언제나 존경의 대상이 되기에 충분하다!

20세기로 들어서면서 마르크스의 사상은 오용되고 남용되며 왜곡과 공격의 대상이 되었지만, 어쨌든 그는 현대에 찾아보기 힘든 보편 가치의 제공자다. 그는 사람들에게 항상 보편적 관점을 제시했고 초월적인 마음 자세로 가장 강하고 거대한 권력에 대항했다. 그가 계급과 계급론을 제시한 것은 강대한 권력의 이익을 대표하는 모든 메커니즘을 넘어서기 위함이며, 그 가운데는 국가도 포함된다.

　　계급의 입장에서 마르크스는 단호하게 노동자 편에 서서 자본가에 대항했고, 그 배후에는 항상 약자를 지지하는 보편 가치가 있었다. 이를 무라카미 하루키의 말을 빌려 비유해 보자.

　　대단히 개인적인 이야기를 한 가지 말씀드리겠습니다. 제가 소설을 쓸 때, 항상 염두에 두는 일입니다. 종이에 써서 벽에 붙인 적이 없지만 제 마음속의 벽에 아주 깊이 새겨져 있습니다. 그건 이렇습니다. (……)

　　그렇습니다. 벽이 아무리 옳고 알이 아무리 틀렸다 해도 저는 항상 알 편에 설 것입니다. 옳고 그름은 다른 사람들에게 결정하도록 하겠습니다. 아니면 시간과 역사가 결정할지도 모릅니다. 소설가가 어떤 이유를 위해서든 벽의 편에 서서 글을 쓴다면 이런 작가에게 어떤 가치가 있을까요?

　벽이 옳고 알이 틀렸다 해도 그는 알의 편에 설 것이다. 벽이 알보다 훨씬 강하기 때문이다. 마르크스도 이와 다르지 않았다. 자본가가 아무리 옳고 노동자가 아무리 틀렸다 해도 마르크스는 항상 노동자 편에 서려고 했다. 자본가가 노동자보다 너무 강하기 때문이다. 게다가 자본가는 노동자의 노동과 노력으로 그렇게 강해졌다. 단지 마르크스는 소설가가 아니라 철학자였으므로, 옳고 그름을 다른 사람에게 결정하도록 맡기지 못하고 결연히 노동자가 옳고 자본가가 그른 이유를 말해야 했다. 『자본론』 전체는 이런 약자들을 위해 쓴 '변론서'다. 우리는 그가 변호하는 이유에 동의하지 않을 수도 있다. 하지만 우리는 그의 이러한 보편 가치가 근거하는 출발점을 무시할 것이 아니라 변호하는 그의 입장이 어디에서 왔는지 마음속으로 깊게 공감하고 이해해야 할 것이다.

　19세기부터 20세기까지 왜 낙후되고 비주류인 국가에 마르크스의 사상이 널리 유행하고 심지어 주류로 자리 잡을 수 있었던 것일까? 중국도 나라가 약하고 가장 침체되었을 때 마르크스주의가 들어와 가장 크게 발전하지 않았던가?

　이 또한 마르크스주의가 약소 국가에 제국주의의 강대

한 권력에 질문을 던지고 대항할 수 있는 보편 가치의 근거를 제공했기 때문이다.

지식인의 임무: 사유와 비판

마르크스의 가장 강한 사명감은 자신이 관찰한 광범위한 범죄 구조를 밝히는 데 있었다. 불평등한 생산관계에서 이 불평등을 유지하는 기만 시스템이 만들어진다. 다름 아닌 자본 계급의 이익에 기초한 '상부 구조'다. 사명감을 실천하기 위해 마르크스가 선택한 방법은 이론과 지식 그리고 설득이었다. 다시 말해서 마르크스가 스스로 생각한 가장 큰 임무는 노동자가 자신이 착취당하고 있다는 사실과 당시의 예의와 습관, 풍속, 제도, 사회 조직 그리고 문학, 철학, 예술이 전부 '자산 계급'이 노동자를 기만하는 도구로 사용된다는 사실을 자기의 눈으로 확인하도록 하는 것이었다.

마르크스는 행동하는 혁명가가 아니라 사유하는 혁명가였다. 왜 20세기에 이르러 '청년 마르크스'의 작품이 발굴되면서 충격을 주게 된 것일까? 그것들이 마르크스가 어쩔 수 없이 혁명 활동에 참여하기 이전의 작품이기 때문이다. 이후의 마르크스는 행동하는 혁명가의 이미지를 갖게 되어 청년 시절의 글과 사상에 담긴 이미지와는 너무나 다르게 인식되었던 것이다.

　1848년을 전후한 시기 유럽의 정세와 분위기에 『공산당 선언』의 성공이 더해지면서 마르크스는 다양한 형식과 형태의 행동에 참여하게 되었지만, 이는 그의 진심에서 나온 것이 아니었고 심지어 그의 사상과 이론의 필연적인 결과도 아니었다. 마르크스는 "철학자는 세계를 다양하게 해석해 왔을 뿐이다. 그러나 진정으로 중요한 것은 세계를 변화시키는 일이다."라고 말했다. 이 한마디로 인해서 수많은 사람이 아주 당연하게 마르크스가 철학자의 공리공담에 만족하지 않고 일어나 행동할 것을 주장했다고 생각하게 되었다. 그리하여 행동하고 조직하고 혁명을 발동하여 기존의 질서를 무너뜨리는 것이 마르크스의 본의이며, 이후의 행위 그리고 이러한 행위로 형성된 마르크스의 이미지에 더 부합한다고 보았다.

　하지만 『자본론』을 자세히 읽어 보고 『자본론』에서 『정치경제학 비판 요강』에 이르는 사유의 내용을 추적해 보면 마르크스의 본의는 그렇지 않았음을 알 수 있다. 마르크스가 꿈꾸었던 세계의 변화 방식은 공산당과 '코민테른'을 조직하여 기존의 정권을 전복시키는 것이 아니었다. 진상을 밝히고 진리를 바로 세움으로써 노동자가 자신이 착취당하고 있

자본가가 아무리 옳고 노동자가 아무리 틀렸다 해도 마르크스는
항상 노동자 편에 서려고 했다. 『자본론』 전체는 이런 약자들을
위해 쓴 '변론서'다.

다는 사실을 깨닫고, 착취당하는 원인이 자본가에게 생산 수단을 장악당했기 때문이라는 것을 인식하며, 현재의 생활이 '소외' 이후의 왜곡된 생활이고, '소외' 이전의 자연스럽고 행복한 삶의 상태가 있다는 것을 알게 하는 것이었다. 일단 노동자가 이런 내용을 알게 되면 '소외' 이전의 졸렌Sollen의 세계로 되돌아가고자 하는 충동이 생길 것이고 이에 따라 세계는 변화할 것이었다.

노동자가 다시금 자신의 주인이 되어 생산 수단의 소유권을 되찾아 오고 '소외' 이전의 생산관계로 돌아가는 것이야말로 '바로잡힌' 세계의 모습이었다. 그리고 이 모든 것의 주체는 조직이나 혁명 정당이 아니라 노동자였다.

이 과정에는 철학자가 필요하고 좀 더 폭넓게 말하자면 지식인이 필요했다. 마르크스 같은 철학자나 지식인의 임무는 허위를 비판하고 진리를 드러내는 것이다. 그들의 방식은 세계의 변화라는 사명을 실천하는 것이지, 비판 이외에 다른 실천적 행동을 하는 것이 아니다. 철학자나 지식인은 조사와 사유로 진상을 찾아냄으로써 착취당하고 상처받는 사람들이 '조작'된 공범 시스템에서 깨어나 자기 자신의 주인이 되는 신분을 회복하고 적극적으로 '정확한' 사회를 창조할 수 있도록 해야 한다. 이것이 바로 마르크스의 노선이었다.

그러나 시대의 현실이 마르크스를 이러한 노선에서 이탈시켜 버렸다. 나중에 그는 노동자 혁명을 이끄는 자리를 맡게 되어 더 이상 마음껏 사유에 전념할 수 없었다. 이 노선은 레닌에게 전달된 뒤로 '볼셰비키'의 개념이 더해지면서 '당'이 노동자 혁명의 대리자 역할을 하게 되었다. 노동자가 완전히 각성하기도 전에 '당'이 노동자를 대표하여 혁명을 진행하고 세계를 변화시키게 된 것이다. 이리하여 원래 마르크스의 사유 방향에서 빗나간 논리가 반대로 마르크스주의의 주요 노선으로 자리 잡았다.

철학자 마르크스와 혁명가 마르크스는 완전히 별개의 인물이지만 불행하게도 너무나 빨리 혁명가 마르크스가 철학자 마르크스를 덮어 버리고 수많은 사람의 머릿속에서 유일한 마르크스가 되고 말았다. 마르크스가 노동자에게 부여한 역사적 사명은 엉뚱하게 '당'으로 옮겨 가 훗날 무수한 논쟁과 비극을 불렀다.

내게는 혁명가 마르크스를 부인할 힘이 없다. 하지만 사람들에게 혁명가 마르크스만 알아서는 안 되고 보다 근본적인 철학자 마르크스를 무시해서도 안 된다고 거듭 깨우쳐 줄 수밖에 없다. 마르크스의 철학자 신분을 회복시켜야만 그에 대한 우리의 이해가 전면적일 수 있고 보다 깊어질 수 있으며, 그가 이 시대 사람들에게 전하는 계시도 보다 풍부하고 절실해질 수 있다.

마르크스가 묘사한 '소외' 이전의 인류 상태는 역사의 환상이 아니라 완전히 철학적 전제였다. 그것은 현실을 재료로 하여 거슬러 올라간 철학적 사유로서, 연역해 낸 논리 명제가 플라톤의 '이데아론'에 나오는 이상적이고 전면적인 '이데아'에 근접해 있다. 이 이상적인 상태에 대한 추론은 중요한 좌표축이자 우리에게 현실을 검증할 수 있는 기준점으로서 우리가 이를 근거로 현실을 비판할 수 있게 해 주고, 노동자가 세계를 바라보는 방법을 변화시킨다.

마르크스 사상이 후세에 미친 실질적인 영향

오늘날 우리가 살고 있는 세계는 '포스트 마르크스' 세계다. 마르크스주의와 공산주의가 실패하고 퇴조한 것 같지만 이 세계는 여전히 마르크스 사상에 의해 변화된 세계다. 오늘날의 자본주의조차도 마르크스의 조정을 거친 뒤의 자본주의로서 '프리 마르크스'의 자본주의와는 사뭇 다르다.

마르크스 경제학의 대조적인 견해, 특히 자본주의가 필연적으로 무너진다는 마르크스의 예언은 100여 년 동안 자본주의가 큰 폭으로 수정되는 촉진제가 되었다. 100여 년의 세월이 흐르면서 마르크스가 예언했던 상황은 발생하지 않았고 우리가 처한 세계도 소수의 대자본가와 다수의 프롤레타리아가 철저하게 대립하는 세계가 아니다. 이렇게 된 부분적인 원인은 마르크스가 아주 오래전에 이런 예언을 하면서 이 예언의 기본 원리를 분명하게 해석한 데 있다.

마르크스의 예언이 가져다준 두려움과 마르크스주의의 인도 아래 자본주의 시스템은 이에 대응하는 변화를 거쳤다. 100여 년 동안 자본주의 시스템은 몇 가지 수정을 지속했다. 첫째, 자산 계급과 노동자 계급의 경계를 모호하게 했고, 특히 노동자 계급으로 하여금 갖가지 방식으로 생산 정책 결정에 참여하고 소량의 자본을 보유하게 함으로써 자산 계급과 노동자 계급 사이의 분명한 경계를 무너뜨렸다. 둘째, 다양한 방법으로 생산관계를 변화시켜 생산 수단의 소유권과 생산의 정책 결정권이 더 이상 실제 노동에 참여하지 않는 소수의 자본가 손에 완전히 장악되지 않고 상대적으로 개방되게 했다.

셋째, 마르크스의 경고와 환기를 통해 자본주의 체제에서는 '떠돌이', 즉 노동자와 자본가 사이에 끼어 이쪽도 저쪽도 아닌 채 어떤 계급에도 확실하게 속하지 않은 사람을 주목하게 되었다. 100여 년 동안 자본주의 사회는 노동자와 자본가 사이에 있는 신분의 다양한 역할을 증가시킴으로써 마르크스가 예언한 충돌 관계를 대대적으로 완화시켜 왔다. 독자 여러분의 일과 사회적 역할도 거의 대부분 마르크스가 미처 보지 못했지만 부분적으로 그의 이론에 자극을 받아 출현하게 된 이 새로운 영역에 속할 것이다.

지난 100여 년 동안 자본주의 사회의 또 다른 거대한 변화는 자본 소유권의 분산이다. 주식 시장과 월가, 주권, 소액주주 등 이 모든 것이 마르크스가 예견하지 못했지만 부분적으로 그의 이론의 자극을 받아 출현한 현상이다. 자본이 대중에게 개방되면서 임금 노동자도 사장에게서 받는 월급을 쪼개 자신이 다니는 공장이나 회사의 주식을 살 수 있게 되었다. 형식상 그는 노동자인 동시에 자본가가 됨으로써 마르크스가 갈수록 더 분명해지고 갈수록 서로 더 멀어진다고 예견했던 계급의 구분을 모호하게 하고 있다. 노동자가 자본의 운영에 참여하는 방식, 즉 생산 수단의 소유권 및 이를 통해 얻은 이익에 개입하여 이를 함께 누리는 현상은 더 이상 순수한 수동적 착취라고 할 수 없다.

시스템 전체가 노동자를 계급이 아닌 직업으로 전화시키면서 계급 의식이 일어날 가능성은 크게 줄어들었다. 이 사회에는 노동자 이외에 수많은 다른 직업이 있다. 노동자가 자본의 부분 소유권을 획득한 뒤로 그들이 취하는 이익의 기초는 더 이상 임금에 꼭 국한되지 않게 되었다. 만약 임금을 억압하여 노동력의 '잉여 가치'에 대한 착취를 강화함으로써 효과적으로 주가를 올리면, 임금 노동자가 가진 주식의 수익이 자신의 임금에서 잃는 손실보다 클 수도 있다. 이렇게 되면 노동자는 임금 억압에 필연적으로 반대하지는 않게 된다.

시대는 변했다. 물론 오늘날 우리는 더 이상 단순하고 순진한 시각으로 마르크스를 읽어선 안 될 것이다. 마르크스를 읽는 방법에는 두 가지가 있다. 하나는 역사적인 읽기로 마르크스를 통해 자본주의가 왜 19세기의 무자비한 모습에서 오늘날의 상대적으로 자비로운 모습으로 바뀌었는지 이해하는 것이다. 또 하나는 마르크스의 노선에 따라 생활과 삶에 대한 우리의 선택을 성찰하는 것이다. 특히 일이 생활 속에서 어떤 지위를 차지해야 하고 삶 속에서 어떤 의미를 가져야 하는지를 진지하게 사유해 보는 것이다.

원시 마르크스 철학 사유로의 회귀

헤르만 헤세의 명작 『싯다르타』에서 젊은 싯다르타는

세존이 도를 설명하는 것을 듣고 세존의 얼굴을 바라본다. 그는 세존의 말에 일리가 있다고 인정하긴 했지만 여전히 세존을 따르는 제자가 되지는 못했다. 가장 근본적인 문제를 해결하지 못했기 때문이다. 세존의 연기緣起가 유일하게 설명하지 못하는 것, 즉 세존 본인의 존재를 이해할 수 없었던 것이다. 세계가 무명無明이라면 인간은 연기를 보지 못해 필연적으로 고통에 빠지게 된다. 그렇다면 어떻게 무명을 뛰어넘어 연기를 깨닫고 득도하여 해탈한 세존이 생겨날 수 있었던 것일까? 세존의 존재는 연기에 예외가 있음을 증명하는 것이 아닐까? 연기에 예외가 있다면 세존이 말한 법은 성립될 수 없는 게 아닐까?

이는 정말 중요하고 핵심적인 문제다! 이런 문제가 마르크스에게도 발생했다. 마르크스의 이론 가운데 가장 해석하기 어려운 부분은 바로 마르크스 자신이다. 그는 노동자가 아니었지만 노동자보다 더 강렬한 노동자 계급의 정체성을 지니고 있었고 노동자의 계급 의식을 고취시키는 역할을 맡았다. 이것이 계급 의식과 계급 신분이 서로 분리될 수 있음을 증명하는 사례가 아닐까? 노동자가 아닌 마르크스가 노동자의 정체성을 가질 수 있었다면, 노동자가 아닌 자본가는 어째서 반드시 자산 계급의 의식을 지녀야 하고 반드시 노동자를 착취함으로써 계급의 차이를 끊임없이 확대하고 마침내 자본주의 체제의 붕괴를 불러온단 말인가?

마르크스는 스스로 자신의 존재를 설명한 적이 없다. 하지만 100여 년이 지나 우리는 아주 쉽게 그를 설명할 수 있게 되었다. 그의 존재는 사회에 자각적인 계급 신분의 떠돌이가 있을 수 있음을 증명한다. 그리고 우리는 이런 사람들을 '지식인'이라고 통칭한다. 그들은 지식을 갖추고 있고 지식을 중시하여, 지식에 대한 믿음이 자신의 계급 출신을 뛰어넘고 자신의 현실적 이익도 뛰어넘는다. 마르크스는 자신이 상상한 사회에서 명확한 지위를 부여받은 '지식인'이고자 하지도 않았고, 그런 사실을 인정하고 싶어 하지도 않았다. 그는 지식과 사유로 기존의 세계 질서에 저항했던 사람이다.

그리고 이것이 마르크스의 심각한 실수다. 사실 그 자신의 노력은 직접적인 이익을 초월하고 계급 신분을 뛰어넘는 '지식인'이 필요함을 증명한다. 하지만 그는 자신의 이론에서 이 점을 인정하는 데 인색했고 '지식인'에게 명확한 지위를 부여하는 데 인색했다. 그 결과 나중에 그의 이름을 걸고 진행된 공산주의 혁명은 철저하게 '지식인'의 개입권을 말살하는 사회를 조성했고, 무수한 공포와 왜곡의 비극을 초래했다.

20세기 중엽 서구에는 '신新마르크스주의'가 출현했다. 이 '신'新 자는 소련 공산당의 개조를 거친 마르크스주의에 대응하기 위한 것으로, 사실 '신마르크스주의'는 오히려 '구舊마르크스주의'라고 할 수 있다. 그들은 원시 마르크스 사상의 본질로 돌아가, 이를 혁명 행동의 신념이나 강령이 아닌 철학적인 '지식인' 방식의 사유로 정의하자고 주장하고 있기 때문이다. 그들은 과거 마르크스의 가장 매력적인 본질을 드러낸다. 다름 아니라 지식과 사유에 따라 사회에 유행하는 가치에 질문을 던져 현실을 해석하고 미래를 설계하며 전혀 다른 답안을 찾는 일이다.

독자 여러분께서 마르크스를 잊지 말아 주시길 삼가 바란다. 남이 부여한 관념과 해답 속에서 안일하고 구차하게 살지 말라고 일깨워 준 거인을.

역자 후기

지금 이 땅에서 마르크스를 읽는다는 것

'마르크스'와 '마르크스주의'는 대단히 진부하지만 여전히 참신한 어휘다. 진부한 것은 너무나 오랫동안 우리 귓가를 맴돌면서 무수한 사유의 단서를 제공했기 때문이고, 참신한 것은 그럼에도 지금까지도 왜곡되고 잘못 인식되면서 과장 또는 축소되어 정확히 알려지지 않은 부분이 많기 때문이다. 요컨대 우리는 마르크스와 그의 사상에 익숙한 듯하면서도 제대로 알고 있지 못하다. 가장 큰 이유는 마르크스주의를 순수하게 철학적 사유로 인식하지 않고 이를 부분적으로 차용한 온갖 이데올로기를 마르크스주의 자체로 박제화해버린 탓이다. 우리나라와 타이완 같은 반공 국가에서는 마르크스와 그의 사상이 제한적으로 수용되면서 부분적 과장과 임의의 축소로 인해 심하게 왜곡될 수밖에 없었다. 그리하여 다분히 인도주의적인 원시적 마르크스주의와 레닌의 혁명 이론을 구분하지 못하는 우리는 중국인이 왜 마르크스와 레닌, 마오쩌둥을 하나로 묶어 '마르크스·레닌·마오쩌둥 사상'이라는 용어를 만들어 냈는지도 잘 이해하지 못한다.

다행히 시대가 바뀌었고 대중의 인식은 이데올로기의 편향을 스스로 극복할 수 있을 만큼 성장했다. 이제 더 이상의 지속적인 경제적 성장은 불가능하다고 이 시대의 석학들은 한결같이 목소리를 모은다. 이는 우리의 생활 양식을 좌우하던 자본주의가 여러 가지 근본적 한계를 드러내고 있다는 말이다. 이런 맥락에서 마르크스 사상에 대한 새로운 조명과 인식이 필요한 때다. 자본주의와 그 시스템이 사라지지 않는 한, 자본주의에 대해 가장 총체적이고 날카로운 질문을 던졌던 마르크스와 그의 사유도 결코 사라지지 않을 것이고, 마르크스의 사상만이 자본주의의 시작과 끝을 제대로 해석하고 비판할 수 있기 때문이다.

타이완의 역사학자 양자오는 이 책에서 마르크스 경제학과 철학의 탄생, 진행 과정과 결과에 이르기까지 가장 핵심적인 내용만을 편안하고 정확한 시각으로 해설한다. 지금까지 우리나라에서 출간된 수백 종의 마르크스 관련 저술 가운데 역설적이게도 가장 대표적인 반공 국가인 타이완의 학자가 쓴 이 두껍지 않은 책이 마르크스와 마르크스주의의 핵심을 가장 이해하기 쉽게 정리하고 있다고 감히 장담한다.

타이완과 한국은 역사적으로 여러 가지 공통점이 있다. 일제 치하에서의 식민지 경험, 장기 독재 치하에서 눈부신 경제 발전을 이루어 왔다는 점 등이 그렇다. 특히 이념 면에서 공산주의(사회주의)를 금기시해 왔다는 사실, 그로 인해 정상적인 민주주의 발전 과정에서 상당한 어려움을 겪었다는 점도 공통된다.

저자의 나라 타이완이 공개적으로 자유롭게 마르크스를 읽을 수 있는 사회가 된 것처럼 우리도 이제는 마르크스를 마음껏 다양한 각도로 살펴볼 수 있게 되었다. 그간의 부분적 과장과 축소, 왜곡을 떨치고 이데올로기로서의 마르크스주의가 아닌, 인간의 삶에 대한 순수한 철학 사유로서의 마르크스주의를 바라보는 시각의 정립이 필요한 시점에서 이 책의 출간은 대단히 적절하다.

저자 양자오는 타이완의 전 방위 지식인으로서 시와 소

설, 산문, 문학 비평, 역사 문화 비평에 이르기까지 인문학 전반을 아우르는 폭넓은 사유와 저술로 타이완을 비롯한 중화권 전체에서 일반 독자는 물론, 인문학자에게도 절대적 환영을 받고 있는 귀한 지식인 중 한 사람이다. 엄청난 독서량과 이를 바탕으로 한 깊은 통찰력을 가진 그는 광범위한 분야의 지식을 다루면서도 손에 땀을 쥘 정도로 밀도 있는 글을 쓴다. 다윈의 『종의 기원』과 프로이트의 『꿈의 해석』에 이어 마르크스의 대표적 저서 『자본론』을 다룸으로써 그는 현대 서양고전 3부작 해설을 완성했다. 이 책들은 오늘날의 서양을 만들어 냈지만 서양을 지향하며 닮아가는 동아시아의 한국에 사는 우리에게도 책의 저자들이 던진 문제의식과 해답은 여전히 유효하다. 게다가 타이완이라는 지적 풍토에서 자란 교양인이 동서양의 시대 상황과 지적 배경을 살펴가면서 균형 잡힌 시각으로 해설한 만큼 우리 피부에 직접 와 닿는 내용으로 가득하다.

예전에는 혁명을 위한 학습 도구 정도로만 인식되었던 마르크스 읽기가 최근 들어 다시 활기를 띠고 있다. 새로운 시대의 변화를 맞아 마르크스 철학을 새롭게 인식하고 지금 우리가 처한 현실을 제대로 파악하고자 하는 열망일 것이다.

그러나 정작 마르크스 철학은 한시도 우리 곁을 떠난 적이 없다. 마르크스 철학만큼 괴물과도 같은 자본주의의 본성을 정확히 이해하고 그에 대한 해법을 제공할 수 있는 사유는 여전히 찾아보기 쉽지 않다. 그런 점에서 마르크스는 지금 이 땅에 사는 우리에게도 여전히 문제적이다. 원고를 꼼꼼하게 읽어 주신 강유원 선생님께 감사드린다. 「포이어바흐에 관한 테제」에 나오는 구절로 역자 후기를 갈음한다. "철학자는 세계를 다양하게 해석해 왔을 뿐이다. 그러나 진정으로 중요한 것은 세계를 변화시키는 일이다."

2014년 4월
김태성

+ 더 읽어 볼 책

마르크스 저작

『자본론』(김수행 옮김, 비봉출판사, 2005)

『정치경제학비판을 위하여』(김호균 옮김, 중원문화, 2012)

『경제학-철학 수고』(강유원 옮김, 이론과실천, 2006)

『공산당 선언』(강유원 옮김, 이론과실천, 2008)

마르크스 전기

이사야 벌린, 『칼 마르크스 – 그의 생애와 시대』(안규남 옮김,
　　미다스북스, 2012)

프랜시스 윈, 『마르크스 평전』(정영목 옮김, 푸른숲, 2001)

1818년   5월 5일 프로이센의 라인란트 트리어 시에서 7남매 중
          장남으로 태어남.

1825년   프로이센에서 산업 혁명이 시작됨.

1830년   트리어고등학교 입학.

1835년   본대학교 입학.

1836년   베를린대학교로 전학.

1837년   청년 헤겔주의자 모임에 참여.

1841년   예나대학교에서 「데모크리토스와 에피쿠로스 자연철학의
          차이」란 논문으로 박사학위 취득.

1842년   『라인 신문』의 편집장이 됨.

1843년   『라인 신문』 폐간당함.
          예니 폰 베스트팔렌과 결혼. 프랑스 파리로 이주.

1844년   『경제학-철학 수고』, 『헤겔 법철학 비판 서문』 출간.

1845년   파리에서 추방당해 벨기에 브뤼셀로 감.
          『독일 이데올로기』, 『신성 가족』 출간.

1847년   『철학의 빈곤』 출간. 런던에서 공산주의자 동맹을 결성.

1848년   엥겔스와 함께 『공산당 선언』 출간.
          프로이센 쾰른에서 『신 라인 신문』 발행.

1849년   마지막 피난처인 런던으로 이주.

1852년	이해부터 『뉴욕 데일리 트리뷴』 유럽 통신원으로 활동.
	『루이 보나파르트의 브뤼메르 18일』 출간.
	프로이센에서 최초의 현대적 은행 설립.
1859년	『정치경제학 비판 요강』 출간. 다윈이 『종의 기원』을 출간.
1864년	국제노동자협회(제1인터내셔널) 참여.
1866년	영국에서 금융 공황 발생.
1867년	『자본론』 1권 함부르크에서 출간.
	제2차 선거법 개정안 결의로 도시 노동자 대부분이
	유권자가 됨.
1871년	『프랑스 내전』 출간.
1883년	3월 14일 런던에서 폐종양으로 사망.
1885년	『자본론』 2권 출간(엥겔스 편집).
1894년	『자본론』 3권 출간.

자본론을 읽다
: 마르크스와 자본을 공부하는 첫걸음

2014년 10월 4일 초판 1쇄 발행
2019년 7월 24일 초판 2쇄 발행

지은이	옮긴이
양자오	김태성

펴낸이	펴낸곳	등록
조성웅	도서출판 유유	제406-2010-000032호(2010년 4월 2일)

주소
경기도 파주시 책향기로 337, 301-704 (우편번호 10884)

전화	팩스	홈페이지	전자우편
031-957-6869	0303-3444-4645	uupress.co.kr	uupress@gmail.com

	페이스북	트위터	인스타그램
	www.facebook .com/uupress	www.twitter .com/uu_press	www.instagram .com/uupress

편집	디자인	독자교정
이경민	이기준	하남석, 박민호

제작	인쇄	제책	물류
제이오	(주)민언프린텍	책공감	책과일터

ISBN 979-11-85152-12-7 04300
     979-11-85152-02-8 (세트)

이 도서의 국립중앙도서관 출판예정도서목록(CIP)은 서지정보유통지원시스템
홈페이지(seoji.nl.go.kr)와 국가자료공동목록시스템(www.nl.go.kr/kolisnet)에서
이용하실 수 있습니다.(CIP제어번호: CIP2014028105)